BREVE CATECISMO
DE LA IGLESIA CATÓLICA
PARA ADULTOS

CATECHETICA
Número 2/1
Director: Jaume González-Agàpito

Jaume González-Agàpito

BREVE CATECISMO DE LA IGLESIA CATÓLICA PARA ADULTOS

Barcelona, 2021

En la misma colección, en aparición inminente:

2. *Breve Catecismo de la Iglesia Católica para los niños. Primer grado (6-11 años).*
3. *Breve Catecismo de la Iglesia Católica para los adolescentes. Segundo grado (12-14 años).*
4. *Breve Catecismo de la Iglesia Católica para los jóvenes. Tercer grado.*
5. *Breve Catecismo de la Iglesia Católica para adultos. Cuarto grado.*
6. *Breve Catecismo de la Iglesia Católica para los catequistas. Esquemas para el primer y segundo grado.*
7. *Breve Catecismo de la Iglesia Católica para los padres que instruyen a sus propios hijos en la fe. Explicación del primer grado.*
8. *Breve Catecismo de la Iglesia Católica comentado.*
9. *Breve Catecismo de la Iglesia Católica: consejos pedagógicos. Plan, itinerarios, herramientas.*
10. *Fuentes del Catecismo Breve de la Iglesia Católica.*

1. *Breu Catecisme de l'Església Catòlica.*
2. *Breu Catecisme de l'Església Catòlica per als nens. Primer grau (6-11 anys).*
3. *Breu Catecisme de l'Església Catòlica per als adolescents. Segon grau (12-14 anys).*
4. *Breu Catecisme de l'Església Catòlica per als joves. Tercer grau*
5. *Breu Catecisme de l'Església Catòlica per als adults. Quart grau.*
6. *Breu Caetcisme de l'Església Catòlica per als catequistes. Esquemes per al primer i segon grau.*
7. *Breu Catecisme de l'Església Catòlica per als pares que formen cristianament llurs fills. Explñicació del primer grau.*
8. *Breu Catcisme de l'Església Catòlica comentat.*
9. *Breu Catecisme de l'Església Catòlica: consells pedagògics.Pla, itineraris, eines.*
10. *Fonts del Catecisme Breu de l'Església Católica.*

MONS. JAUME GONZÁLEZ-AGÀPITO

Párroco de Santa María Reina / Pedralbes - Barcelona
Doctor en Teología, en Filosofía, en Derecho y en Letras

BREVE CATECISMO DE LA IGLESIA CATÓLICA PARA ADULTOS

Presentación de Mons. Mario Tagliaferi
Nuncio Apostólico, que fue, en Francia

SANTANDREU EDITOR
BARCELONA
2021

Esta edición del
Breve Catecismo de la Iglesia Católica
ha obtenido la revisión y el *placet* del
Arzobispado Metropolitano de Barcelona.

Esta edición de
BREVE CATECISMO DE LA IGLESIA CATÓLICA PARA ADULTOS
compuesta en tipos Times/Roman de 12 puntos
por Santandreu Editor
se terminó de imprimir
el día 6 de septiembre de 2021

*Λέγει αὐτῷ [ὁ] ἰησοῦς,
ἐγώ εἰμι ἡ ὁδὸς καὶ ἡ ἀλήθεια καὶ ἡ ζωή·
οὐδεὶς ἔρχεται πρὸς τὸν πατέρα εἰ μὴ δι' ἐμοῦ.*

Evangelio según juan, 14, 6

Contenido

París, 14 de noviembre de 1998.

Muy querido Don Jaime,

He aquí el texto para su "Catecismo":

"Mons. Jaume González-Agàpito me ha pedido, que prologue su Catecismo Breve. En unas circunstancias algo difíciles para mí, puedo sólo intentar satisfacerle con unas pocas palabras de presentación.

Deseo recomendar a todos los católicos españoles, y a todos los hombres y mujeres de buena voluntad que buscan la verdad de Cristo, esta obra breve, pero llena de aquella sabiduría, prudencia y discreción que han caracterizado siempre al autor.

Deseo también agradecer a Mons. González-Agàpito todo lo que ha hecho y trabajado por la Iglesia de Cataluña y, en general, por la de su patria España, en momentos nada fáciles y en unas circunstancias que no siempre le han reportado, como respuesta, la comprensión y el agradecimiento que merecía, ni siquiera por parte de aquellos que mucho le debían.

El autor, que, en las dos parroquias que ha regido, y que tuve la ocasión de visitar repetidamente, la de San Andrés de Llavaneres y la de Santa María Reina de Barcelona, ha demostrado ser un celoso pastor, un emprendedor nato y un organizador eficiente, revela, ahora, una faceta que sólo algunos conocíamos: la de poseer una mente, bien formada y brillante, con una capacidad de síntesis fuera de lo común y una facilidad de comunicación del todo singular. Pero, sobre todo, posee una madurez y una competencia teológicas acreditadas con no pocos títulos académicos obtenidos todos ellos con la más alta calificación y con una dedicación al estudio fuera de lo que cabría esperar en un hombre con una actividad pastoral muy intensa y una dedicación al servicio de la diócesis, en cargos de responsabilidad que, cada uno de ellos, podría ocupar por completo a otras varias personas.

Espero que algún día la Iglesia española sabrá agradecer los desvelos y la fidelidad de este hijo suyo que ha sido repetidamente probado por Dios como, hace algo menos de un año, con una grave indisposición de la cual ha salido, por su gracia y con la alegría y la maravilla de todos, ileso, completamente curado y con fuerzas más que renovadas.

Quiera el autor recibir, en ocasión de la publicación de su obra, mi más sincero testimonio de admiración y de fiel amistad".

Con un sincero agradecimiento
un cordial abrazo. Aff.mo

+ Mario Tagliaferri,
Nuncio Apostólico en Francia.

Reverendísimo Señor
Mons. Jaime González-Agàpito
Parroquia Sta. María Reina
Barcelona

Presentación

Del Excmo. y Rvdmo. Mons. Mario Tagliaferrri,
Nuncio Apostólico en Francia (†)

Mons. Jaume González-Agàpito me ha pedido, que prologue su Catecismo Breve. En unas circunstancias algo difíciles para mí, puedo sólo intentar satisfacerle con unas pocas palabras de presentación.

Deseo recomendar a todos los católicos españoles, y a todos los hombres y mujeres de buena voluntad que buscan la verdad de Cristo, esta obra breve, pero llena de aquella sabiduría, prudencia y discreción que han caracterizado siempre al autor.

Deseo también agradecer a Mons. González-Agàpito todo lo que ha hecho y trabajado por la Iglesia de Cataluña y, en general, por la de su patria España, en momentos nada fáciles y en unas circunstancias que no siempre le han reportado, como respuesta, la comprensión y el agradecimiento que merecía, ni siquiera por parte de aquellos que mucho le debían.

El autor, que, en las dos parroquias que ha regido, y que tuve la ocasión de visitar repetidamente, la de San Andrés de Llavaneres y la de Santa María Reina de Barcelona, ha demostrado ser un celoso pastor, un emprendedor nato y un organizador eficiente, revela, ahora, una faceta que sólo algunos conocíamos: la de poseer una mente, bien formada y brillante, con una capacidad de síntesis fuera de lo común y una facilidad de comunicación del todo singular. Pero, sobre todo, posee una madurez y una competencia teológicas acreditadas con no pocos títulos académicos obtenidos todos ellos con la más alta calificación y con una dedicación al estudio fuera de lo que cabría esperar en un hombre con una actividad pastoral muy intensa y una dedicación al servicio de la diócesis, en cargos de responsabilidad que, cada uno de ellos, podría ocupar por completo a otras varias personas.

Espero que algún día la Iglesia española sabrá agradecer los desvelos y la fidelidad de este hijo suyo que ha sido repetidamente probado por Dios como, hace algo más[1] de un año, con una grave indisposición de la cual ha salido, por su gracia y con la alegría y la maravilla de todos, ileso, completamente curado y con fuerzas más que renovadas.

Quiera el autor recibir, en ocasión de la publicación de su obra, mi más sincero testimonio de admiración y de fiel amistad.

París, 14 de noviembre de 1998.

+ Mario Tagliaferri,
Nuncio Apostólico en Francia

---

[1] Por un *error calami* el original dice "menos".

Una palabra para la edición de 2021

Una nueva edición del *Breve Catecismo de la Iglesia Católica*, en castellano, después de las muchas ediciones *pro uso manuale* desde el año 1992, en castellano y en catalán, me llena de satisfacción, no únicamente como autor, sino sobre todo como párroco de una parroquia barcelonesa.

Agradezco de corazón a todos los que ya lo han utilizado su colaboración y a los adultos que la han usado en la preparación de su bautismo, de su confirmación, de su primera comunión 'tardía' y de su matrimonio, su interés y su empleo.

A la edición 'trocal', de 2020, se añadieron otras ediciones, en castellano y en catalán:

1. *Breve Catecismo de la Iglesia Católica para los niños y para las niñas (6-11 años).*

2. *Breve Catecismo de la Iglesia Católica para los y las adolescentes (12-15 años).*

3. *Breve Catecismo de la iglesia Católica para los y las jóvenes.*

Presento, ahora, el *Breve Catecismo de la Iglesia Católica para Adultos*. Este libro desea ser un instrumento para que las personas que han de bautizarse, confirmarse, casarse, dedicarse a la vida consagrada u ordenarse, para que puedan repasar brevemente el contenido de su fe cristiana, la vida en Cristo en los Sacramentos, los Mandamientos de Dios y las forma de orar. También, creo que puede ser útil a los que se preparan para confesarse, recibir la Sagrada Eucaristía o el Sacramento de la Santa Unción de los Enfermos. Los padres encontrarán en esta publicación una guía para educar cristianamente a sus hijos y los catequistas para preparar sus lecciones de catecismo a los niños, a los adolescentes o a los jóvenes. También los cristianos y las cristianas de la "Tercera Edad" podrán encontrar en este *Breve Catecismo de la iglesia Católica para Adultos,* una guía fácil para reordenar y valorar su vida cristiana respecto a la fe, la vida sacramental, los mandamientos de Dios y la plegaria.

Espero que todas estas publicaciones sirvan para ayudar en la acogida y en la aceptación de la gran llamada de nuestro Señor Jesucristo: "Ven conmigo y sígueme".

Barcelona, 28 de agosto de 2021.
Fiesta de San Agustín.

Jaume González-Agàpito

BREVE CATECISMO DE LA IGLESIA CATÓLICA PARA ADULTOS

PRIMERA PARTE: LA FE

I

***CREO EN UN SOLO DIOS, TRINO:
PADRE, HIJO Y ESPÍRITU SANTO***

El hombre: un deseo insaciable de Dios

1[1]

1 **¿Cuál es el deseo más profundo del hombre?**

Un insaciable anhelo de verdad, de amor y de belleza que procede de Dios y que se dirige hacia Dios mismo[2].

2 **¿Este anhelo, ¿está de acuerdo con la manera de ser y con el destino del hombre?**

El hombre, que, en su mismo ser, procede de Dios[3] y se dirige hacia Dios mismo[4], no puede vivir una vida plenamente humana si no experimenta, libre y gozosamente, su vinculación

---

[1] En nota, pongo las referencias a los documentos dogmáticos del Magisterio eclesiástico, de los Padres de la Iglesia y de las obras de otros autores eclesiásticos. Los números que van solos, sin otra indicación, y en negrita, se refieren a los correspondientes del *Catecismo de la Iglesia Católica*, en la edición renovada, 'típica', de 1997.

[2] Mt 22, 16. CONCILIO VATICANO II, Constitución pastoral *Gaudium et Spes*, nº 19; **27ss, 44-45, 355, 1701, 1718.**

[3] DS 285, 800, 3002, 3008.

[4] DS 3771, 3005.

con Dios[5]. Esto es lo que sugieren los relatos del libro del *Génesis*: el hombre es feliz cuando goza de la amistad, directa y real, con Dios[6].

3 ¿Pero, se puede conocer a Dios?[7]

El hombre lo conoce cuando escucha el mensaje de los otros seres, la harmonía que se descubre en el universo[8] y la voz de su propia conciencia. El hombre está abierto, en su misma entidad, al misterio del ser y a captar su unidad, su verdad y su belleza. Tiene un sentido casi innato del bien moral y de su propia libertad. Puede, pues, mediante una coherente reflexión, alcanzar la certeza de la existencia de Dios, como causa, fin y explicación última de todo lo existente[9].

---

[5] SAN AGUSTÍN, *Confesiones,* 1, 1, 1: "Tú eres grande, Señor, y muy digno de alabanza: grande es tu poder, y tu sabiduría no tiene medida. Y el hombre, pequeña parte de tu creación, pretende alabarte, precisamente el hombre que, revestido de su condición mortal, lleva, en sí, el testimonio de su pecado y el testimonio de que tú resistes a los soberbios. A pesar de todo, el hombre, pequeña parte de tu creación, quiere alabarte. Tú mismo le incitas a ello, haciendo que encuentre la delicia de tu alabanza, porque nos has hecho para ti y nuestro corazón está inquieto mientras no descanse en ti". *Cfr.,* también, S. IGNACIO DE LOYOLA, *Ejercicios espirituales, Primera semana, Principio y fundamento,* nº 23, en SAN IGNACIO DE LOYOLA, *Obras completas,* Madrid, ⁴1982, pp. 214-215. **27-28 y 39.** DS 3891, 621, 633, 1511, 389, 2616, 3891

[6] Véase, por ejemplo: Gn 1, 27-28; 2,7. DS 3891.

[7] **31**: "El hombre que descubre a Dios descubre ciertas 'vías' para acceder al conocimiento de Dios. Se las llama también "pruebas de la existencia de Dios", pero no en el sentido de las pruebas propias de las ciencias naturales, sino en el sentido de "argumentos convergentes y convincentes" que permiten llegar a verdaderas certezas". DS 2441, 2751, 2756, 2765, 2812, 2853, 2855, 3004, 3538, 3875, 3890, 3892, 3021.

[8] Rm 1, 19-20

[9] Rm 1, 19ss. **33ss., 46.**

4

Pero, ¿cuál es el mensaje de los seres del cosmos para el hombre?

El mundo y el hombre, limitados y contingentes, atestiguan que no poseen en sí mismos su primer principio, ni son ellos mismos su propio fin último[10]. Más bien, participan, por su origen y su finalidad, de aquel Ser, sin principio y sin fin, que es y que existe en y por sí mismo[11].

5

¿Aceptar a Dios está de acuerdo con la ciencia?

La naturaleza, nuestra razón y la revelación cristiana tienen a Dios como único autor[12]. No puede, pues, haber una contradicción real entre ellas. Puede haberla por defecto de conocimiento, por nuestra parte[13], tanto al analizar la primera, como al usar la segunda o al interpretar la tercera. El creer en Dios, fuente de toda sabiduría, no puede estar en contradicción con los hallazgos de la sabiduría humana. Quienes lo afirman no son tampoco verdaderos científicos. Usan la ciencia

---

[10] *Cfr*. ZUBIRI, J., *Naturaleza, hombre y Dios*, Madrid, 1957, *passim*.

[11] 2Mac 7, 28; Rm 1, 19-21; DV 6; **34**.

[12] Lo trataremos enseguida. *Cfr*. nn. 6-23.

[13] Ejemplo paradigmático de ello fue la negación de un origen y un final del universo, hasta hace bien poco, en nombre de una "certeza científica" que tenía más de filosofía y de militancia laicista que de investigación científica. En la historia de la humanidad, cuando los teólogos y asimilados han pretendido sustituir a la ciencia, han ofrecido un espectáculo esperpéntico y, a veces, trágico. Pero, cuando los que se ocupan de actividades científicas han sentado cátedra de teólogos, lo esperpéntico ha sido un engaño y, a veces, tremendamente criminal: *cfr*., por ejemplo, el pretendido materialismo científico de los países del socialismo real y la eliminación física de los no concordantes, *cfr* COURTOIS, S. – WERTH, N. – PANNÉ, J.-L. – PACZKOWSKI, A. – BARTOSEK, K. MARGOLIN, J.-L., *Le livre noir du comunismo*, Paris, 1997, *passim*. Véanse también las curiosas propuestas de ONFRAY, M., *Traité d'athéologie. Physique de la metaphysique*, Paris, 2005.

para hacer creíbles sus opiniones y creencias filosóficas y muchas veces parten del postulado de proponer el agnosticismo como única e intangible 'confesionalidad' del Estado, bajo el nombre de "opción laica"[14].

6 ¿Qué es la voz de la conciencia?

Presente en el corazón[15] del hombre, la conciencia moral atestigua la autoridad de la verdad con referencia al Bien supremo, hacia el cual la persona humana se siente atraída y cuyos mandamientos acoge. El hombre prudente, cuando escucha la voz de su conciencia moral, puede entender que Dios es quien le habla[16].

7 ¿Qué es el hombre?

La persona humana, creada a imagen de Dios[17], es un ser racional y espiritual, con cuerpo y alma[18]. Tiene impreso su fin en sí misma y su entidad, derechos y protección no dependen del reconocimiento que de ella hagan, o no, los ordenamientos jurídicos positivos, sino que le perte-

---

14 Véase GONZÁLEZ-AGÀPITO, J., *No al Estado confesional laico*, Barcelona, 2003. Allí se combate, con toda su carga confesional de creencia apriorística, el laicismo estatal como presupuesto.

15 El concepto bíblico y patrístico de corazón es una noción compleja pero muy rica. Para expresarla brevemente, significa el eje portador de la personalidad del hombre, aquello tan íntimo que es de donde emergen el amor y las grandes opciones transcendentales en su vida. Los otros aspectos, algunos muy importantes y transcendentales, son como capas que se sobreponen a este eje nuclear que los autores sagrados antiguos llamaron el 'corazón'.

16 *Cfr.* Rm 2, 14-16; *Veritatis Splendor,* GS 16; 1777.

17 *Cfr.* Rm 1, 22; 8, 29; 1Cor 11, 7; Ap 13, 14; 15, 2; 16, 2.

18 **362.**

necen por su misma naturaleza. Nadie puede negárselos sin transgredir los postulados más elementares de la ética humana.

8 ¿Qué es el alma?

El alma es el principio espiritual del hombre, creado, sin mediación alguna, por Dios a su propia imagen y semejanza[19]. Ella, junto con el cuerpo animal del hombre, también creado a imagen de Dios, da vida y dignidad de persona al hombre. Por ella el hombre posee la semilla de la inmortalidad[20].

9 ¿Qué es el cuerpo?

El cuerpo del hombre participa también de la dignidad de "imagen de Dios". No es un cuerpo meramente animal, sino 'humano', y ello, precisamente, porque está 'animado' por el alma espiritual[21] y, con ella, forma un todo que es la persona humana.

10 ¿Cuál es la relación entre el alma y el cuerpo?

El hombre no es un 'compuesto', sino una unidad en una única y específica persona viva. Es un ser racional corpóreo destinado a ser, en Cristo, templo del Espíritu Santo[22].

---

[19] Los FILÓN DE ALEJANDRÍA ya distinguió entre 'imagen' y 'semejanza' y esta distinción tuvo mucha fortuna entre los Padres de la Iglesia, especialmente entre los griegos.

[20] GS 18; **363**

[21] **364**

[22] GS 14; **365**.

11 ¿El hombre es el único ser racional creado por Dios?

La existencia de seres espirituales, no corporales, que la *Biblia* llama comúnmente ángeles, es una verdad de fe. El testimonio de la Escritura es claro y unánime. El de la Tradición de la Iglesia es también unánime y concorde con la Sagrada Escritura.

12

¿Cómo es Dios en sí mismo? ¿Qué podemos saber de él?

Solamente podemos saber lo que Él mismo nos ha revelado ya que "habita en una luz inaccesible"[1].

13

¿Qué ha revelado Dios de sí mismo?

Únicamente lo necesario para nuestra salvación[2].

14

¿Dónde encontramos esta revelación?

Dios se ha revelado en Cristo: "Este es mi Hijo, el que yo amo, en quien me he complacido, escuchadle"[3]. La Iglesia, cuerpo místico de Cristo

---

[1] ITit 6, 16; DV 2; **52**. DIONYSII AREOPAGITAE, *De mystica theología ad Timotheum*, PG 3, cols 997-1048.

[2] Es lo que los Padres griegos llaman "revelación económica". Es decir, que Dios nos ha revelado únicamente aquello de él mismo y de lo que ha hecho que es necesario para nuestra propia salvación.

[3] Mt. 17, 5.

prolonga la transmisión de la revelación de Dios. En ella, Dios nos ha dado la Sagrada Biblia y la Tradición[4].

15 ¿Qué es la Iglesia?

La Iglesia es la "asamblea convocada"[5] por la Palabra de Dios de aquellos que son el Pueblo de Dios y que, alimentados con el cuerpo de Cristo, se convierten ellos mismos en Cuerpo Místico de Cristo[6].

16 ¿Qué es la Biblia o Sagrada Escritura?

La *Biblia* es la consignación por escrito de la comunicación de Dios con el género humano, en el Israel carnal y en el Israel espiritual. La palabra escrita vive y es interpretada por una continua tradición religiosa que perdura todavía hasta hoy[7].

17 ¿Qué se entiende por inspiración de la Biblia?

Queremos decir que Dios, como primero y principal autor de la *Sagrada Escritura*, movió a autores humanos para que entendieran y escribieran, dejando en sus obras su propia huella, lo que Él quería que escribiesen[8].

---

[4] **54ss**. Sobre el concepto de 'Tradición' en la Iglesia cfr. CONGAR, Y. M. - J., *La Tradition et les tradicions. Essai historique*, Paris, 1960.

[5] *Cfr.*, aquí mismo, nn. 77-83.

[6] **777**.

[7] DV 8-9.

[8] DV 11 105ss.

18 **¿Cuáles son los libros de la Sagrada Biblia?**

Los del Israel histórico se llaman el *Antiguo Testamento*. Los escritos por los Apóstoles de Jesucristo o por sus inmediatos colaboradores, *Nuevo Testamento*.

Los del *Antiguo Testamento:*

1. Libros del Pentateuco: *Génesis, Éxodo, Levítico Números y Deuteronomio.*

2. Libros históricos: *Josué, Jueces, Samuel 1, Samuel 2, Reyes 1, Reyes 2, Crónicas 1, Crónicas 2, Esdras, Nehemías, Macabeos 1 y Macabeos 2.*

3. Libros de narrativa: *Rut, Tobías, Judit y Ester.*

4. Libros de los profetas: *Isaías, Jeremías, Ezequiel, Oseas, Joel, Amós, Abdías, Jonás, Miqueas, Nahún, Habacuc, Sofonías, Ageo, Zacarías, Malaquías, Daniel, Baruc y Carta de Jeremías.*

5. Libros de poesía: *Salmos, Cantar de los Cantares y Lamentaciones.*

6. Libros de los 'sabios': *Proverbios, Job, Eclesiastés (Qohelet), Eclesiástico (Ben Sirá) y Sabiduría.*

Los del *Nuevo Testamento:*

1. Relatos evangélicos: *Evangelio según Mateo, Evangelio según Marcos; Evangelio según Lucas y Evangelio según Juan;*

2. *Corpus* paulino: *Carta a los Romanos, Carta a los Corintios 1, Carta a los Corintios 2, Carta a los Gálatas, Carta a los Efesios, Carta a los Filipenses, Carta a los Colosenses, Carta a los Tesalonicenses 1, Carta a los*

Tesalonicenses 2, Carta a Timoteo 1, Carta a Timoteo 2, Carta a Tito, Carta a Filemón y Carta a los Hebreos.

3. Cartas apostólicas: *Carta de Jacobo (Santiago), Carta de Pedro 1, Carta de Pedro 2, Carta de Juan 1, Carta de Juan 2, Carta de Juan 3 y Carta de Judas.*

4. Revelación de Jesús: *Apocalipsis (Revelación de Juan).*

19 ¿Qué es la Tradición?

Tradición es la transmisión, en la Iglesia de Cristo, de la palabra de Dios, consignada por escrito en el Antiguo y en el Nuevo Testamento y confiada por Cristo Señor a los apóstoles y a sus sucesores,[9] en estos escritos y en otras formas de transmisión: oralmente, en las instituciones eclesiales, en los ritos sagrados, etc.

20 ¿Qué es el *Antiguo Testamento*?

s La revelación de Dios al viejo Israel, consignada por escrito en diversos libros, de entidad diversa y escritos en hebreo, en arameo y en griego, en diversos géneros literarios y también en lugares y en tiempos diversos.

21 ¿Cómo se reveló Dios al Israel antiguo?

Sacramentalmente, por su pacto con Abraham[10] y, mediante Moisés, con el pueblo de Israel[11]. Dios

---

[9] DV 7; **74**ss.
[10] *Cfr.* Gn 15:18.
[11] *Cfr.* Ex 24:8.

se vinculó con ese pueblo mediante un pacto mutuo y, a través de palabras y acciones, a él se reveló como único Dios, vivo y verdadero.

22 **¿Qué es el *Nuevo Testamento*?**

Es el conjunto de escritos, que, a partir de la experiencia de Jesucristo en sus inmediatos seguidores, proponen los Apóstoles y sus discípulos inmediatos.

23 **¿Qué relación tienen entre sí el *Antiguo Testamento* y el *Nuevo Testamento*?**

El *Antiguo Testamento* alcanza su completo sentido y cumplimiento en el *Nuevo Testamento*. Ayuda a comprender y situar correctamente su mensaje. Pero, él alcanza su plena significación y su plenitud de sentido sólo a la luz de lo que se dice en el *Nuevo Testamento*[12]. Es en el *Nuevo Testamento* donde se revela la palabra final y definitiva de Dios, prometida al nuevo y fiel Israel, que es Jesucristo[13] y, con él, su Iglesia.

24 **¿Habrá más revelaciones?**

No, porque Jesús es la revelación final y definitiva que Dios nos ha dado. Él es el Principio y el

---

[12] DV 16. San León Magno, *Sermo 12 de Passione*, 3, 6-7: MIGNE, PL 54, **355-357**.

[13] Heb 1-2. DV 2. **124**.

Fin[14]. Hay que desconfiar, pues, de todo mensaje, pretendida-
mente sobrenatural, que pretenda complementar, corregir, o
continuar la Revelación de Jesús el Cristo.

---

[14] DV 7. GS 10, 45.

25

Decimos: Padre, Hijo y Espíritu Santo. Pero, ¿es un solo Dios?

Hay un solo Dios, que es la Verdad y el Amor[1], y cuya vida no es soledad sino comunicación entre tres personas divinas, con un grado tal de identidad y compenetración como las personas creadas, dada su limitación y contingencia, no pueden obtener, sin que caigan en una alienación metafísica, es decir en la imposibilidad, o en la ficción de una alienación mental[2]. En el *Nuevo Testamento* Dios se revela como Padre, Hijo y Espíritu Santo.

26

Estas tres personas ¿son un solo Dios?

Sí, porque Dios es el Dios de Abraham, de Isaac y de Jacob, el Dios y Padre de Nuestro Señor Jesucristo, no el Dios de los filósofos y de los sabios[3].

---

[1] Ex 3,14.

[2] **212ss.**

[3] Alusión al escrito redactado por Blaise Pascal en el día de su conversión.

27 — ¿Por qué creemos la Trinidad en un solo Dios?

Porque así Dios mismo lo ha revelado: Jesús es el Hijo de Dios, enviado por el Padre y concebido por obra del Espíritu Santo[4].

28 — ¿Las tres personas, son tres dioses?

Esas tres personas no son tres dioses: "distinguimos las personas: no dividimos a Dios"[5].

29 — ¿Qué relación hay entre el Hijo y el Padre?

El Hijo procede del Padre desde toda la eternidad, como su *Lógos*[6], su Pensamiento y su Palabra.   El *Lógos* encarnado, es la imagen del Dios invisible[7].

30 — ¿Qué relación hay entre el Espíritu Santo, el Padre y el Hijo?

El Espíritu Santo procede del Padre por[8] el Hijo y con el Padre y el Hijo es adorado y glorificado[9], como la efusión de su mutuo amor desde toda la eternidad.

---

[4] Jn 14,23. **240ss.**.

[5] *Cfr*. Prefacio de la Solemnidad de la Santísima Trinidad en el rito latino romano.

[6] *Cfr*. Jn 1, 1 y todo el llamado prólogo.

[7] Col 1, 15.

[8] Esta es la fórmula concordada con los griegos en el Concilio de Florencia y que ellos podían aceptar.

[9] Como decimos en el *Gloria in excelsis*.

31 ¿Puede la mente del hombre formarse una imagen de la Trinidad?

El hombre puede decirse a sí mismo "Me conozco". Conociendo, el hombre posee también el conocimiento del amor. Esta puede ser, siguiendo a San Agustín[10], una imagen de la Trinidad.

32 ¿Por qué hacemos la señal de la cruz?

Porque recordamos, en ella, el misterio de la Santísima Trinidad, "en el nombre del Padre y del Hijo y del Espíritu Santo". Son las mismas con que nos bautizaron[11]. También, porque mediante el signo de la cruz, recordamos el instrumento de nuestra redención, la cual también se actuó y significó en el acto de nuestro bautismo.

---

[10] *Cfr. De Trinitate, passim.*
[11] *Cfr. Ritual del Bautismo.*

II
CREO EN UN SOLO SEÑOR, JESUCRISTO

33 **.¿Qué relación tiene el hombre con Dios?**

Dios creó al hombre en un estado de amistad y de intimidad con él. El hombre, por su egoísmo y soberbia, dio la espalda a Dios y se alejó de él, perdiendo, así, la situación ontológica de amigo de Dios. Por esto entró el pecado en el mundo. Entró al principio, en el amanecer de la historia, por la desobediencia y el orgullo del hombre que ejerció, así, su libertad[1].

34 **¿Cómo se llama a este primer pecado?**

Pecado original, porque fue cometido en el origen del género humano[2].

35 **¿Qué es el pecado original?**

No es una 'mancha' ética que nos han contagiado nuestros primeros padres, sino la pérdida de la

---

[1] GS 13.
[2] Gn 3, 6; Rm 5, 12.

perfecta santidad en la que Dios nos creó y de la perfecta unión, de mente y corazón, con Él[3].

36 ¿Qué consecuencia tuvo el pecado original?

La naturaleza humana, herida, ha transmitido a todo el género humano esta herida y, también, la pérdida de la amistad ontológica con Dios[4].

37 ¿Hemos nacido todos con el pecado original?

Todos hemos nacido con el pecado original, excepto la Virgen Santa María. Ella fue preservada, por Dios, de él, desde el primer instante de su concepción: por lo tanto, fue concebida sin pecado original[5].

38 ¿Por qué fue preservada la Virgen María del pecado original?

Porque tenía que nacer de ella el Hijo de Dios[6]: "ese vientre tan puro, que El mismo hizo ser puro"[7].

39 ¿Cómo llamamos a ese estado privilegiado?

La "Inmaculada Concepción" de María.

---

[3] *Cfr.* CONCILIO DE TRENTO, Decreto *De iustificatione*

[4] Rm 5,12. CONCILIO DE TRENTO, *ibid.*

[5] LG 56. Definición de Pío IX en 1854.

[6] Lc 1, 35. LG 61.

[7] AH 4.33.11.

40

¿Por qué requirió el nacimiento del Hijo de Dios de una madre sin pecado?

Porque el que nació de ella era verdadero Dios y fue verdadero hombre, en quien no podía haber contacto ni pacto con el pecado[8].

---

[8] *Cfr.* la Bula de la definición dogmática de la Inmaculada Concepción de Santa María de 1854.

41 ¿Qué significa la palabra Jesús?

La palabra 'Jesús'[1] literalmente significa "*Yah-weh* salva" o "salvación de Dios"[2].

42 ¿Por qué Jesús es llamado también el "*Logos*", el "Verbo", la "Palabra de Dios"?

Porque es la mente viviente de Dios dándose a conocer y que se manifestó a nosotros como hombre en Jesús de Nazaret, porque "¿quién conoció el pensamiento del Señor, o quién fue su consejero?"[3].

43 ¿Por qué es llamado Jesús, 'Cristo' o 'Mesías'?

Porque fue *ungido* (=*Christós* en griego, *Messiah,*

---

[1] Mt 1, 16.21; 2, 1; 3, 13; 4, 1-6.17; 10, 5; 12, 15;14, 1.29; 15, 29; 17, 6; 20, 17.30; 21, 11; 26, 51.69; 27, 17.37; 28, 5; Mc 1, 24; 5, 20.27; 10, 21; 16, 19; Lc 2, 27; 3, 23; 6, 11; 7, 3; 17, 13; 19, 3; 23, 42; 24, 19; Jn 1, 45; 9, 11; 11, 51.54; 12, 9.16.21; 13, 23; 18, 5.32; 20, 14.31; 21, 1.25.

[2] Mt 1, 21; 2Cor 5, 19. **430**.

[3] Rm 11, 34.

en hebreo) por Dios Padre para la salvación y redención del género humano[4].

44

¿Por qué tenía Jesús que redimir el género humano?

A causa de la desobediencia a Dios, por parte del género humano. Es lo que llamamos 'pecado'.

---

[4] Heb 10,38. **436ss.**

45

¿Qué quiere decir que Jesús padeció y murió por nosotros?

Que, por nosotros y por nuestra salvación[1], arrostró los mayores sufrimientos.

46

¿Cuáles fueron los mayores sufrimientos de Jesús?

Los mayores sufrimientos de Jesús fueron su pasión y su muerte.

47

¿Por qué sufrió Cristo la pasión?

Cristo sufrió la Pasión por el gran amor que nos tiene y como propiciación por nuestros pecados[2].

---

[1] *Cfr*. Credo Nicenoconstantinopolutano: "τὸν δι' ἡμᾶς τοὺς ἀνθρώπους καὶ διὰ τὴν ἡμετέραν σωτηρίαν κατελθόντα ἐκ τῶν οὐρανῶν", ALBERIGO, J. – DOSSETTI, J. A. – JOANNOU, P. – LEONARDI, C. – PRODI, P. (eds.), *Conciliorum Oecumenicorum Decreta*, Bologna, ³1973, p. 24.

[2] 1Cor 15, 3; Ef, 7. SC 5. **604ss.**

48

¿Por qué llamamos a Jesús nuestro Redentor?

Porque: "Siendo de condición divina no se aferró celosamente su condición de Dios, al contrario, se hizo casi nada y tomó la condición de esclavo haciéndose uno de tantos y se ofreció a si mismo hasta la muerte de cruz"[3] Así restableció nuestra unión con Dios nuestro Padre. Muriendo, destruyó nuestra muerte y resucitando nos devolvió la vida.

49

¿Cómo murió Jesús?

Jesús murió clavado en una cruz[4], fuera de la ciudad de Jerusalén, en un lugar llamado Calvario[5].

50

¿Cómo recuerda el cristiano el acto redentor de Jesucristo?

Celebrando la Eucaristía, viviendo místicamente crucificado a imitación de Jesucristo, y haciendo la señal de la cruz.

51

¿Por qué hacemos la señal de la cruz?

Hacemos la señal de la cruz para recordar que, por la pasión y crucifixión de Cristo, hemos participado en la vida de la Trinidad mediante nuestro bautismo y la vida en la gracia de Dios.

---

[3] *Cfr.* Fl 2, 5ss.

[4] La cruz fue una forma de ejecución, parece que de origen persa, que adoptaron los romanos para castigar a los reos de alta traición, del crimen de lesa majestad y a los condenados por haber alterado el orden público.

[5] Lc 23, 33.

52 ¿Cómo llamamos a la venida de Jesús al mundo?

Llamamos a la concepción de Jesús y, en general, a su aparición sobre la tierra, la 'Encarnación' porque "el Verbo se hizo carne y habitó entre nosotros"[1].

53 ¿Jesús fue concebido y nació como todos los hombres?

Jesús fue concebido por obra del Espíritu Santo y nació de Santa María virgen. Ella fue una madre virgen y siempre permaneció virgen, llena de gracia y fue la más bendita entre las mujeres[2].

54 ¿Tuvo Jesús un padre humano?

Jesús no tuvo padre humano, para dejar claro que era el Hijo de Dios[3]. Toda su humanidad procedía de María. Su concepción fue por obra del Espíritu Santo sólo a

---

[1] Jn 1,14a: "Καὶ ὁ λόγος σὰρξ ἐγένετο καὶ ἐσκήνωσεν ἐν ἡμῖν". *Cfr.* 1Tim 3, 1

[2] LG 63. **499.**

[3] **503.**

partir de la naturaleza humana de María Virgen.

55   ¿Dónde y cómo nació Jesús?

Jesús nació en un establo, en Belén, palabra que significa "casa del pan", la ciudad del rey David, durante el reinado del emperador Cesar Augusto[4], hacia el año 6 antes de nuestra era.

---

[4]Lc 2, 1. **91.**

La persona de Jesús:
Jesús, el Hijo de Dios

8

56 ¿Jesús es Dios?

Jesús es verdadero Dios ya que "en Él habita corporalmente la plenitud de la divinidad"[1].

57 ¿Por qué es Jesús verdadero Dios?

Es verdadero Dios porque es el Hijo de Dios en comunidad de ser, de vida y de amor con Dios Padre y con el Espíritu Santo[2].

---

[1] Col 2, 9. AG 3.

[2] Ὁμοούσιος. *Cfr.* los concilios de Nicea, de Constantinopla, de Éfeso y de Calcedonia. 'Consubstancialidad' es un término usado en la <u>cristología cristiana latina</u>, acuñado por TERTULIANO en *Adversus Hermogenem* 44 para traducir el término <u>griego</u> *homousios*: de la misma esencia. Dado que el latín carece de un participio de presente activo para el verbo 'ser', Tertuliano y otros autores latinos tradujeron el nombre griego 'ousia' (de 'ser') como 'substantia,' y el adjetivo griego 'homoousios' (del mismo ser) como 'consubstantialis'. Así, de Cristo se dice que es consubstancial con el Padre en su divinidad y consubstancial con nosotros en su humanidad.

58   ¿Cómo sabemos que Jesús es verdadero Dios?

Sabemos que Jesús es verdadero Dios por sus palabras, por sus obras, por sus milagros y por su vida.

59   ¿Qué dijo Jesús acerca de su divinidad?

Jesús habló claramente de su divinidad cuando dijo: "El Padre y yo somos uno"[3]; "Creedme cuando digo que estoy en el Padre y el Padre está en mí"[4]; "Yo existo, antes que Abraham"[5], y en la respuesta que dio al sumo sacerdote de Israel[6]: "Os aseguro que, a partir de ahora veréis el Hijo del Hombre sentado a la derecha del Todopoderoso i viniendo sobre las nubes del cielo".

60   ¿Cómo mostró Jesús, en su vida, que era Dios?

Mostró, en su vida, que era Dios porque nadie sino Dios mismo podía hacer las obras que él hizo durante su vida: sanó a los enfermos, dio la vista a los ciegos, perdonó a los pecadores, resucitó a los muertos. Y, sobre todo, cuando resucitó él mismo, después de muerto, por su propio poder[7].

---

[3] Jn 10, 30.

[4] Jn 14, 11.

[5] Jn 8, 58.

[6] Mt 26, 64, *cfr.* Lc 22, 70. **441ss.**

[7] Heb 10;38-40.

61 **¿Jesús es verdadero hombre?**

Jesús es verdadero hombre, es el hijo de la Virgen María.

62 **¿Cómo sabemos que Jesús es verdadero hombre?**

Sabemos que Jesús es verdadero hombre por su vida en la tierra, narrada en los *Evangelios* y los otros escritos del *Nuevo Testamento*.

63 **¿Qué nos dice el *Nuevo Testamento* sobre la humanidad de Cristo?**

Nos dice que se cansaba[1], que pasaba hambre[2], que tenía sed[3], que se compadecía[4], que amaba a sus

---

[1] Jn 4, 6.
[2] Lc 4, 2.
[3] Jn 4, 7.
[4] Mt 15, 32.

amigos[5], que se entristeció hasta la muerte[6], que quedó bañado en un sudor de sangre[7] y, finalmente, que sufrió el dolor de ser azotado y que fue crucificado[8].

64 ¿Cómo puede ser Jesús al mismo tiempo Dios y hombre?

Jesús puede ser Dios y hombre porque es una sola persona, la de Dios Hijo, el Verbo, que tomó nuestra naturaleza humana[9].

65 ¿Fue Jesús 'Dios' desde el momento de su encarnación?

Jesús fue siempre Dios; y fue Dios hecho hombre desde el momento de su encarnación: "En el principio era el Verbo [...] y el Verbo era Dios [...] y el Verbo se hizo carne"[10].

66 ¿Supo siempre Jesús que era el Hijo de Dios?

Jesús siempre supo que era el Hijo de Dios ya que dijo "El que me envió está conmigo; no me ha dejado solo;" y "el Padre y yo somos uno"[11].

---

[5] Jn 11, 5.

[6] Mc 14, 34.

[7] Lc 22, 44.

[8] Fl 2, 8. GS 22.

[9] **470.**

[10] Jn 1, 1.14, *cfr.* 1Tim 3, 16.

[11] Jn 8, 29; 10, 30. **473.**

67 ¿Estaba Jesús sujeto al pecado?

Jesús al ser un hombre verdadero, asumió nuestras limitaciones humanas, pero no el pecado, ni las debilidades derivadas del pecado, las cuales no son connaturales a nuestra naturaleza: "Como nosotros en todo menos en el pecado"[12].

---

[12] **603**.

68 ¿Por qué llamamos a Jesús, el "nuevo Adán"?

Porque así como todos los hombres tuvieron el origen de su vida en el primer hombre, Adán, también todos los hombres, unidos a Jesús, el nuevo Adán, hallan, en él, la nueva existencia sobrenatural: "lo mismo que por Adán todos mueren, así también por Cristo todos recibirán la vida"[1].

69 ¿Qué vínculo hay entre los hombres y Jesús?

El de la 'comunión' entre los hombres que está enraizada en la 'comunión' con Dios en Cristo y mediante la Iglesia[2].

70 ¿Cuál es la señal de esta comunión en Jesucristo?

---

[1] 1Cor 15, 22. **775.**
[2] GS 24.42. **1939.**

La señal de esta comunión con Jesucristo es la perfecta comunión en la Iglesia, en el amor y en la verdad de la palabra de Dios: "permanecían fieles a las enseñanzas de los apóstoles [...] y eran un solo cuerpo y tenían un solo corazón y una sola alma"[3].

71 ¿Qué es ser cristiano?

Ser cristiano no es mantener y profesar una determinada ideología, ni una filosofía, ni una cosmovisión. Es simplemente seguir a Jesucristo[4].

72 ¿Quién es, para los cristianos, Jesucristo?

Cristo es la revelación definitiva de Dios:

"La ley fue dada por Moisés, la gracia y la verdad han venido por Jesucristo"[5]. Él es también el "buen samaritano que nos ha curado, ha pagado por nosotros la deuda y nos a prometido que volverá.

---

[3] Hech 2, 42; 4, 32. **138.**
[4] KEMPIS, THOMAS DE, *Imitatio Christi*, l. I, cap. 1, 1.
[5] Jn 1, 17.

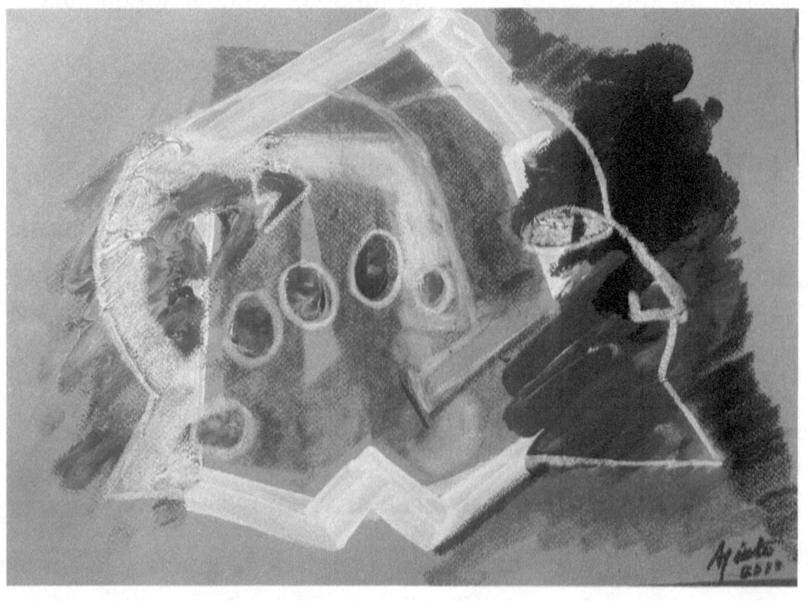

III
CREO EN EL ESPÍRITU SANTO

73

¿Cuál es el papel del Espíritu Santo en nuestra salvación?

Dice la Escritura:

"La prueba de que somos hijos es que Dios ha enviado a nuestros corazones el Espíritu de su Hijo, que grita: "¡*Abbà*, Padre!"[1].

Los cristianos somos los que, muertos al pecado en el Bautismo, hemos sido también ungidos con la efusión del Espíritu Santo.

74

¿Qué relación hay entre la acción de Jesucristo y la del Espíritu Santo?

Desde el comienzo y hasta la consumación de los tiempos, cuando Dios envía a su Hijo, envía siempre a su Espíritu Santo: la misión de ambos es una, única e inseparable. En la "plenitud de los tiempos", el Espíritu Santo preparó en María lo necesario para la venida de Cristo. El Hijo de Dios es consa-

---

[1] Gal 4, 6. **742**.

grado como Cristo (= Ungido o Mesías) mediante la unción del Espíritu Santo en su Encarnación y en su Bautismo[2].

75 ¿Qué papel tiene el Espíritu Santo en relación con la Iglesia?

Después de su muerte y su resurrección, Jesús fue constituido Señor y Cristo en la gloria[3]. Desde su plenitud, derrama el Espíritu Santo sobre los Apóstoles y la Iglesia. Él construye, anima y santifica a la Iglesia. Ella es el sacramento de la comunión de la Santísima Trinidad con los hombres[4].

76 ¿Está fundada en esto la santidad de los hijos de la Iglesia?

La Iglesia de Cristo es la Iglesia de los ungidos por el Espíritu Santo para dar fruto: el propio del Bautismo, el del perdón de los pecados, el de los que anhelan la vida eterna. El Espíritu Santo es el "alma de la Iglesia"[5].

---

[2] *Cfr*. Sal 2, 6-7. **743-745**.

[3] *Cfr*. Hch 2,36.

[4] **746-747**.

[5] BENEDICTO XVI, *Angelus* del 1 de junio de 2008.

IV
CREO EN UNA SOLA IGLESIA: LA SANTA, CATÓLICA Y APOSTÓLICA; EN LA COMUNIÓN DE LOS SANTOS; EN LA RESURRECCIÓN DE LOS MUERTOS Y EN LA VIDA ETERNA

La Iglesia lugar de encuentro de los hombres con Dios

77 ¿Qué significa la palabra 'Iglesia'?

La palabra 'Iglesia' significa "la asamblea convocada"[1]. En el *Nuevo Testamento* designa la reunión de aquellos a quienes convoca la palabra de Dios, en el Espíritu Santo, para formar el Pueblo de Dios y que, alimentados con la Eucaristía, se convierten ellos mismos en el Cuerpo de Cristo[2].

78 ¿Qué es la Iglesia?

La Iglesia es el camino del designio de Dios y conduce al término por él querido. La Iglesia, prefigurada en la creación del mundo, preparada en la Antigua Alianza, fundada por las palabras y las obras de Jesucristo, rea-

---

[1] *Cfr.* ἐκκλησία, ἡ, I, 1. (ἔκκλητοσ) asamblea convocada debidamente, normalmente por el σύλλογος, Th. 2.22, Pl. Grg. 456b. II. 1. En la versión bíblica de los LXX, la asamblea de los judíos, Dt. 31.30, al. 2. En el *NT,* La Iglesia, como una corporación de los cristianos, Mt 16, 18, 1Cor. 11, 22; ἡ κατ' οἶκόν τινος ἐ. Rm 16,5. 3. Como una construcción, Cod. Just. 1.1.5 Intr.

[2] 777.

lizada por su Cruz redentora y en su Resurrección, se manifiesta como 'misterio' de salvación por la efusión del Espíritu Santo. Tendrá su realización plena en la gloria del cielo como asamblea de todos los redimidos de la tierra[3] y es, ella misma, en la tierra, la anticipación de esta esperanza de la gloria final.

79 ¿La Iglesia es una realidad terrena o espiritual?

La Iglesia es a la vez visible y espiritual, sociedad jerárquica y Cuerpo Místico de Cristo. Es una unidad formada por un doble elemento humano y divino. Ahí está su 'misterio' que es símbolo de la fe que propone aceptar[4].

80 ¿Cuál es el papel de la Iglesia en el mundo?

La Iglesia es, en este mundo, el "sacramento de la salvación"[5], el signo y el instrumento de la comunión con Dios y con los hombres.

81 ¿Qué papel tiene el Espíritu Santo en relación a la Iglesia?

Después de su muerte y su resurrección, Jesús fue constituido Señor y Cristo en la gloria[6]. Desde su plenitud, derrama el Espíritu Santo sobre los Apóstoles y la Iglesia. Él

---

[3] *Cfr*. Ap 14, 4. **778.**

[4] **779.**

[5] LG 1, 2; 48, 2; 59, 1; GS 45, 1; AG 1, 1; 5, 1.

[6] *Cfr*. **780.** Hech 2, 36.

construye, anima y santifica a la Iglesia. Ella es el sacramento de la Comunión de la Santísima Trinidad con los hombres.

82 ¿Es la Iglesia la anticipación, en la tierra, de los bienes futuros que esperamos los cristianos?

La Iglesia, realidad provisional y no definitiva, es, en este mundo que pasa, la anticipación, en su culto, en su vida y en su santidad, de aquellos bienes definitivos que serán la plenitud de nuestra existencia cuando podremos contemplar, en compañía de todos los santos, a Dios cara a cara.

83 ¿Qué significa la Iglesia en su entidad terrena?

Es aquella asamblea santa de pecadores perdonados por la sangre de Cristo, que es el arca de salvación para todos los hombres, instrumento de gracia para la humanidad entera y lugar de encuentro con Dios, manifestado en la carne de Cristo[7].

---

[7] LG. 1, 1-5.

84 ¿Cómo la Iglesia mantiene la verdad y la unidad?

La Iglesia está unida en la verdad porque tiene "un solo Maestro, Cristo"[1] que es la Verdad misma[2] y un solo Señor que es el mismo Cristo.

85 ¿Cómo ejerce Cristo su magisterio en la Iglesia?

Cristo enseña a la Iglesia de la misma manera que Dios enseñó a las gentes del Antiguo Testamento, por medio de su palabra y por medio de guías espirituales y de maestros de la fe[3].

86 ¿A quiénes escogió Cristo para enseñar la verdad de su mensaje?

Como Cristo fue enviado por su Padre Dios, él

---

[1] Mt 23,10.
[2] LG 12.
[3] **62ss.**

mismo escogió doce apóstoles (= enviados) y los envió, a ellos y a sus sucesores, para anunciar su Evangelio e implantar el Reino de Dios. Él les da parte en su misión[4] y de Él recibieron y reciben el poder de obrar en su nombre[5]. Esta forma de obrar, por contacto, es la propia de la revelación cristiana y la consecuencia de la Encarnación del Verbo de Dios[6].

---

[4] Mt 10, 2-4; Mc 3, 13-19; Lc 6, 13-17; Hech 1, 13. **858**.

[5] SC 6. **935**.

[6] *Cfr.* JOURNET, CH., *L'Égliuse du Verbe Incarné. Essai de Théologie spéculative,* 2 vols. Paris, 1951.

87

Hoy ¿Cristo sigue enseñando en su Iglesia?

Cristo sigue enseñando, en y a su Iglesia, a través de todos los sucesores de los apóstoles que son los obispos[1].

88

En la Iglesia, ¿no son todos los miembros iguales?

Sí lo son, por lo que hace a la pertenencia a la Iglesia y al sacerdocio común[2]. No lo son, por lo que hace a la

---

[1] LG 22.25. **861**.

[2] LG 10: "Cristo Señor, Pontífice tomado de entre los hombres (cf. *Hb* 5,1-5), de su nuevo pueblo «hizo [...] un reino y sacerdotes para Dios, su Padre» (*Ap* 1,6; cf. 5,9-10). Los bautizados, en efecto, son consagrados por la regeneración y la unción del Espíritu Santo como casa espiritual y sacerdocio santo, para que, por medio de toda obra del hombre cristiano, ofrezcan sacrificios espirituales y anuncien el poder de Aquel que los llamó de las tinieblas a su admirable luz (cf. *1 P* 2,4-10). Por ello todos los discípulos de Cristo, perseverando en la oración y alabando juntos a Dios (cf. *Hch* 2,42-47), ofrézcanse a sí mismos como hostia viva, santa y grata a Dios (cf. *Rm* 12,1) y den testimonio por doquiera de Cristo, y a quienes lo pidan, den también razón de la esperanza de la vida eterna que hay en ellos (cf. *1 P* 3,15). El sacerdocio común de los fieles y el sacerdocio ministerial o jerárquico, aunque diferentes esencialmente y no sólo en grado, se orde-

función de cada uno realiza en ella. Por institución divina, algunos de los fieles, en la Iglesia, son ministros sagrados, los otros, son los fieles laicos, pero todos son cristianos seguidores de Cristo.

89 ¿Los ministros sagrados son todos iguales?

No. Se distinguen por el grado de orden que poseen: diáconos, presbíteros y obispos; y por el grado de jurisdicción: Papa, Obispo diocesano, Párroco, etc.

90 ¿Nombró Cristo a Pedro como cabeza de la Iglesia?

No, porqué es Cristo mismo su cabeza. Jesucristo escogió a Simón y cambió su nombre por Pedro, haciéndole punto de referencia de la unidad de la Iglesia[3] y, por su fe, fundamento visible de la Iglesia. Le dio las llaves de ella. El obispo de la Iglesia de Roma, sucesor de San Pedro, es la "Cabeza del Colegio de los Obispos", Vicario de Cristo y Pastor de la Iglesia universal en la tierra"[4].

91 ¿Cómo sabemos que Pedro y sus sucesores fueron nombrados pastores de la Iglesia universal?

Porque le dijo: "Tu, eres Pedro y sobre esta piedra edificaré mi Iglesia y los poderes del infierno no prevalecerán

---

nan, sin embargo, el uno al otro, pues ambos participan a su manera del único sacerdocio de Cristo".

[3] LG 18-29.

[4] C.I.C. c. 331.

contra ella. Te daré las llaves del reino de los cielos y lo que atares en la tierra será atado en el cielo, y lo que desatares en la tierra será desatado en el cielo"[5].

92 ¿Cuál es el poder del Papa?

El Papa

"[…] goza, por institución divina, de una potestad suprema, plena, inmediata y universal para cuidar las almas"[6].

Se trata de un poder de naturaleza espiritual, pero con consecuencias visibles, para proclamar la verdad de Dios y fortalecer la Iglesia:

"Simón, Simón mira que Satanás ha pedido poder zarandearte como el trigo, pero yo he rogado por ti para que no desfallezca tu fe; y tu, una vez convertido. confirma a tus hermanos"[7].

93 ¿Puede el Papa equivocarse cuando actúa en nombre de Cristo?

El Papa no se puede equivocar cuando actúa, en nombre de Cristo, y define o enseña en relación con la fe o a la moral de toda la Iglesia. Es infalible porque Cristo, en cuyo nombre habla, no puede equivocarse[8].

---

[5] Mt 16, 18-20. **881**.

[6] CD 2. **937**.

[7] Lc 22, 31-33. **891**.

[8] LG 25.

94

¿Cuál es el papel de los Obispos en la Iglesia?

Los Obispos, instituidos por el Espíritu santo, suceden a los apóstoles.

"Cada uno de los obispos, por su parte, es el principio y el fundamento visible de unidad en su Iglesia particular"[9].

Ayudados por los presbíteros, sus colaboradores, y por los diáconos, tienen la misión de enseñar auténticamente la fe, de celebrar el culto divino, sobre todo la Eucaristía, y de dirigir su Iglesia como verdaderos pastores propios. A su misión compete también el cuidado de todas las Iglesias, con y bajo el Papa[10].

95

¿Cuál es el lazo de unión entre el Papa y los Obispos?

Los Obispos están unidos al Papa a la manera como Cristo quiso que Pedro y los otros apóstoles constituyesen un colegio unido a Él. Fue el Colegio Apostólico, al que sucede hoy el Colegio Episcopal: la unión en Cristo del Papa y los Obispos en una misma comunión de fe, de sacramentos y de doctrina[11].

---

[9] LG 23; **938**.

[10] **939**.

[11] LG 23. **883**.

96 ¿A qué llamamos la 'Comunión de los Santos'?

A la común unión (comunión) de todos los miembros de la Iglesia en el cielo, en la tierra y en el purgatorio, como la familia de los hijos de Dios en Jesucristo[1].

97 A parte del Señor Jesús, ¿cuál es el miembro más destacado de la comunión de los santos?

La Santísima Virgen María, ya que ella trajo al mundo al Hijo de Dios que es "el primero entre todos los nacidos"[2], Cabeza del Cuerpo Místico que es la Iglesia.

98 Si es Madre de la Cabeza, Cristo, ¿podemos llamarla también Madre del Cuerpo, es decir, Madre de la Iglesia?

Sí, porque dando nacimiento a Cristo, se convirtió en madre de todos los que renacen en El[3].

---

[1] LG 50. **957ss**

[2] Rm 8, 29. LG 62.

[3] GS 65. SC 103. **967**

99 ¿Debemos, pues, amar, rezar y venerar a la Virgen María?

Es bueno amar, rezar y venerar a Santa María, porque amándola, venerándola y suplicándole, honramos al Padre celestial que la escogió para ser la Madre de su único Hijo.

100 ¿Cuál es la oración más usada en la Iglesia latina para orar a Santa María?

Es la llamada 'Ave María', que combina diversos pasajes bíblicos y suplica la intercesión de María. Dice así:

> *"Dios te salve, María, llena eres de gracia, el Señor es contigo, bendita tú eres entre todas las mujeres y bendito es el fruto de tu vientre, Jesús. Santa María[4], Madre de Dios[5], ruega por nosotros pecadores, ahora y en la hora de nuestra muerte. Amén.*

101 ¿Cómo ejerce Santa María esta maternidad y esta intercesión en la Comunión de los Santos?

Durante su vida mortal, quiere decir que antes del fin de su vida física, cuando era llamada cariñosamente "la Madre del Señor" daba testimonio con su vida y era punto de referencia

---

[4] Denominación tradicional

[5] CONCILIO DE ÉFESO, *Epistula tertia Cyrilii ad Nestorium. Anathematismi. I:* CED p. 59.

para la comunidad cristiana primitiva. Después de su Asunción a los cielos, intercede "por nosotros pecadores".

102 ¿Qué significa la Asunción de María a los cielos?

Significa que al final de su vida terrena, por su perfecta santidad, fue elevada al cielo, en cuerpo y alma, asumida por el poder de Dios, por esto hablamos de Asunción y no de Ascensión[6].

---

[6] LG 59. **966**

103 ¿Después de nuestra vida terrena, es decir después de nuestra muerte, qué ocurre?

Después de la muerte. todos tenemos que comparecer ante Jesús el Cristo, nuestro juez, "para que cada uno reciba el premio o el castigo, de acuerdo con sus obras."[1]

104 ¿Como juzgará Cristo a aquellos que mueren sin un perfecto amor a Dios?

Aquellos que mueren sin un amor a Dios perfecto serán purificados en el purgatorio[2].

105 ¿Cómo sabemos que existe el purgatorio?

Sabemos que existe el purgatorio porque aquellos que no amaron perfectamente a Dios, al morir, no merecen el infierno, ni tampoco el cielo. También lo sabemos por las constantes enseñanzas de la Iglesia

---

[1] 1Cor 5, 10. LG. **1038.**

[2] **1030ss.**

sobre el valor de las oraciones por las almas del purgatorio[3].

106 ¿Cómo sabemos que nuestras plegarias ayudan a las almas del purgatorio?

Sabemos por las palabras de la *Biblia* que

"[…] es un pensamiento santo y piadoso rezar por los muertos que pueden ser liberados de sus pecados"[4].

Por esta razón, la Iglesia destina el mes de noviembre como un tiempo especial de oración por las almas del purgatorio y permite que se apliquen las indulgencias a las santas almas que están en él[5].

107 ¿Como juzgará Cristo a aquellos que mueren odiando a Dios?

Les juzgará como merecedores del eterno castigo del Infierno[6].

108 ¿Como puede un Dios infinitamente bueno permitir la existencia del Infierno?

La infinita bondad de Dios permite a los ángeles y a los hombres escoger el estar con El o estar separa-

---

[3] LG 49. **1030**

[4] 2Mac 12, 45.

[5] LG 50ss.

[6] LG 48. **1033ss.**

dos de su amor, porque Dios es también infinitamente justo[7].

109

¿Que quiere decir la "resurrección de la carne"?

Quiere decir que todos resucitaremos de nuevo con el cuerpo en el último día.

110

¿Como sabemos que todos resucitaremos?

Lo sabemos por el hecho de la propia resurrección de Cristo, "el primer fruto de aquellos que quedaron dormidos"[8] y por su propia promesa: "Aquel que come mi carne y bebe mi sangre tendrá vida eterna y le resucitaré el último día"[9]. "La resurrección de los muertos es la seguridad de los cristianos"[10].

111

¿Volverá Cristo el último día?

Cristo volverá de nuevo, con su poder y su majestad, cuando este mundo acabe para entregar la creación, su reino, a su Padre y vencer así el pecado y la muerte para siempre[11].

---

[7] **1037.**

[8] 1Cor 15, 20.

[9] Jn 6, 54.

[10] RC 1, 1. **988ss.**

[11] 1Cor 15, 24. LG 51. **1047ss.**

112 ¿Cuál es la gloria y cómo es la felicidad del cielo?

La gloria y la felicidad del cielo es ver, amar y disfrutar de Dios Padre a través de su Hijo y en el Espíritu Santo para siempre[12]:

> "Allí descansaremos, contemplaremos y amaremos, amaremos y adoraremos. Esto es lo que será al final sin final"[13].

---

[12] 1Cor 2, 9.

[13] CG 22, 30,1.

NIKOLAOS KAVASILAS, autor de *La vida en Cristo*

SEGUNDA PARTE
LA VIDA EN CRISTO[1]

---

[1]La expresión "la vida en Cristo" se usa en el C.E.C. para referirse a la parte moral. Nosotros preferimos conservar su uso tradicional, en los Padres y en la tradición eclesiástica, para designar la vida sacramental.

V
LOS SACRAMENTOS

113

¿Qué es "la vida en Cristo"?

Es aquella unión íntima con Él que el cristiano vive en la comunión de la Iglesia, formando con Cristo un solo cuerpo, "aunque con muchos miembros"[1]

114

¿Cómo participan los cristianos de "la vida en Cristo"?

Participan en "la vida en Cristo" por los Sacramentos, por la oración y la vida cristiana[2].

115

¿Qué es un Sacramento?

Un Sacramento es un eficaz signo visible de la gracia invisible, instituido por Jesucristo[3].

---

[1] 1Cor 12, 12. LG 4. 1140.
[2] SC 12.
[3] LG 3. SC 5. 1131.

116 ¿Qué es la gracia?

La gracia es la participación en la vida misma de Dios. Así podemos conocerle, amarle y tenerle por nuestro Padre:

> "Porque somos hijos, Dios ha enviado el Espíritu de su Hijo a nuestros corazones, que clama: *Abba! Padre!*"[4].

117 ¿Cuántos sacramentos hay?

Hay siete sacramentos: Bautismo, Confirmación, Eucaristía, Penitencia, Unción de los enfermos, Orden y Matrimonio[5].

118 ¿En qué se diferencian los sacramentos de otros signos visibles llamados sacramentales?

Los sacramentos no sólo son un mero signo, sino que, además, causan la gracia que significan, ya que son actos del mismo Cristo.

119 ¿Qué son los sacramentales?

Son ritos, prácticas de piedad, objetos o acciones, debidamente aprobados por la

---

[4] Gal 4, 6. 1996ff.

[5] CONCILIO DE TRENTO, Sesión VIII, 3 de marzo de 1547, *Decretum primum. De sacramentis, Canoni de sacramentis in gennere*, c. 1, *cfr.* J. ALBERIGO - J. A. DOSSETTI - P.-P. JOANNOU - C. LEONARDI - P. PRODI, *Conciliorum Oecumenicorum Decreta*, Bologna, [3]1978, p. 684, ls. 18-22.

autoridad de la Iglesia, cuyos efectos dependen de la fe y de la devoción de la persona que los realiza o usa: el agua bendita, el Viacrucis, las bendiciones etc.[6].

---

[6] 1667ss.

VI
LOS SACRAMENTOS DE LA INICIACIÓN CRISTIANA

120 ¿Qué es el Bautismo?

Bautismo es el sacramento con el cual renacemos a la vida y a la amistad con Dios, limpios del pecado original y de los pecados personales y nos convertimos en miembros de la Iglesia[1].

121 ¿Cómo sabemos que Cristo instituyó el bautismo?

Cristo instituyó el bautismo con estas palabras:

"Id, pues, enseñad a todas las gentes, i bautizadlas en el nombre del Padre, del Hijo, y del Espíritu Santo"[2].

Y por la tradición y la práctica de la Iglesia antigua[3].

---

[1] **1227.**

[2] Mt 28, 19.

[3] Hech 2, 41; 8, 13.38; 10, 48ss.

122

¿Quién puede bautizar?

El Obispo es el ministro propio, pero generalmente bautiza el párroco, o un presbítero o un diácono. Aunque cualquiera lo puede hacer, en caso de necesidad, incluso un no-cristiano, con tal de que tenga intención de hacer lo que hace la Iglesia[4].

123

¿Cómo se bautiza?

El Bautismo se administra por inmersión del cuerpo del bautizado en agua o derramando ésta en la cabeza del que se bautiza, diciendo al mismo tiempo, en el rito latino:

> "N., yo te bautizo en el nombre del Padre del Hijo y del Espíritu Santo. Amén."[5].

Y en el rito bizantino:

> "Es bautizado/a el/la siervo/a de Dios N. en el nombre del Pao/adre y del Hijo y del Espíritu Santo. Amén"[6].

124

¿El Bautismo es necesario para salvarse?

El bautismo es del todo necesario. Jesús mismo dijo: "El que no nace de nuevo del

---

[4] **1256.**

[5] Aquí se dice el nombre.

[6] *Cfr. AGIASMATARION. TEUCOS PRWTON. TA MUSTHRIA*, Roma, 1954, pp. 33-34.

agua y del Espíritu, no puede entrar en el reino de Dios"[7].

125 ¿Es necesario para todos el bautismo por agua?

El bautismo por agua no es necesario para todos. Aquellos que, sin culpa propia, no pueden ser bautizados con agua, pueden entrar en el Reino de Dios por el deseo de ser bautizados o por el bautismo de sangre.

126 ¿Qué es el bautismo de deseo y el de sangre?

Los catecúmenos[8] que aceptan la muerte por amor a Dios y todos los demás que están en la misma circunstancia, reciben los frutos del bautismo "por deseo" o "en su sangre"[9].

127 ¿Qué dice la Iglesia sobre los niños que mueren sin ser bautizados?

La Iglesia piensa que Dios no abandona a aquellos que mueren en la inocencia y que escucha las plegarias hechas en su nombre[10].

---

[7] Jn 3, 5. **1257**.

[8] Son los que se están preparando para recibir el Bautismo.

[9] Hech 17, 23; Mt 2, 16-18; Jn 15, 13. **1258**.

[10] Mc 10, 14; Jn 15, 13.

128 ¿Los cristianos separados de la Iglesia Católica son miembros de Cristo?

Aquellos que han sido bautizados son miembros de Cristo, aunque su unión al cuerpo de Cristo sea incompleta[11].

---

[11] *Cfr.* El *Directorio ecuménico.*

La Crismación o Confirmación:
Complemento y plenitud del Bautismo

19

129 ¿Qué es la Crismación o Confirmación

La Crismación o Confirmación es el Sacramento que:

1. Perfecciona la gracia bautismal.
2. Da el sello del Espíritu Santo, don del Padre y del Hijo, para enraizarnos más profundamente en la filiación divina.
3. Nos incorpora más firmemente a Cristo.
4. Hace más sólido nuestro vínculo con la Iglesia.
5. Nos asocia todavía más a su misión.
6. Nos ayuda a dar testimonio de la fe cristiana por nuestra palabra acompañada de las obras.

130 ¿Es la Confirmación diferente del Bautismo?

La Confirmación es el complemento del Sacramento del Bautismo. Los Apóstoles imponían las manos sobre aquellos que habían sido bautizados para que recibieran el Espíritu Santo[1].

131 ¿Qué otorga la Confirmación?

La confirmación imprime un parecido con Cristo llamado 'carácter': el cristiano, que ha renacido en Cristo, recibe ahora la totalidad de este parecido a través del don del Espíritu Santo[2].

132 ¿Es la Confirmación la fuente del apostolado del cristiano?

La Confirmación es la fuente del apostolado del cristiano, porque es ungido con el Santo Crisma[3] para poder vivir en el mundo y resistir, en la fe que ha recibido, incluso hasta derramar su sangre[4].

133 ¿Quien puede confirmar?

El Obispo, sucesor de los apóstoles, pero los sacerdotes pueden confirmar en determinadas circunstancias[5].

---

[1] Hech 8, 14-17; 19, 5.

[2] **1295-1296.**

[3] Es una mezcla de oleo y diversos perfumes que el Obispo diocesano y sus presbíteros consagran en la Misa Crismal de la mañana del Jueves Santo. Con el Santo Crisma son ungidos los bautizados, los confirmados, los obispos en su cabeza, los presbíteros en sus manos, las iglesias al ser consagradas y los vasos sagrados.

[4] LG 11; AA 3; AG 11. **1303.**

[5] LG 11. **1312.**

134

¿Cuándo se administra la confirmación?

Después de recibir el bautismo, a juicio de los pastores de la Iglesia, antes de recibir cualquier otro sacramento si no es por extrema y grave necesidad.

135 ¿Qué es el Sacramento de la Eucaristía?

El Sacramento de la Eucaristía es el mismo Jesucristo, verdadero Dios y verdadero hombre, bajo la apariencia de pan y vino, en la acción de gracias y de alabanza (= Eucaristía) a Dios. La Eucaristía es la fuente y la culminación de la vida cristiana[1].

136 ¿Cristo prometió darse de esta forma?

El capítulo sexto del *Evangelio según Juan,* es la mejor respuesta a esa preginta. Pero, Jesucristo lo prometió cuando dijo:

"Yo soy el pan de vida que bajó del cielo [...] Como el Padre me envió y vivo por El, así quien me come vivirá, porque el pan que yo le daré es mi carne, vida del mundo"[2].

---

[1] SC 10. **1355.**
[2] Jn 6, 51.57.

137

¿Cuándo cumplió Cristo esta promesa?

Cuando tomó pan y vino en sus manos en la Última Cena y los convirtió en su cuerpo y en su sangre[3].

138

¿Cristo se hace realmente presente en la Eucaristía o Misa?

Creemos que Cristo se hace real y 'substancialmente' presente por el cambio real del pan y el vino en su cuerpo y su sangre[4].

139

¿El pan y el vino están también presentes después de este cambio?

El pan y el vino no permanecen como tales después de este cambio, sino que simplemente están las apariencias de pan y de vino[5].

140

¿Cómo explica la Iglesia este cambio?

La Iglesia lo explica con la palabra 'transubstanciación', que quiere decir una completa conversión del pan y del vino en el Cuerpo y en la Sangre de Cristo[6].

---

[3] SC 47; **1339ss.**
[4] MF 39.
[5] **1374.**
[6] MF 46. **1376.**

141

¿Recibimos verdaderamente el Cuerpo y la Sangre de Jesucristo en la Eucaristía?

Recibimos el Cuerpo y la Sangre de Jesucristo, nuestro Señor y nuestro Dios. en la Eucaristía.

142

¿Cuándo se hace Cristo presente?

Cristo se hace presente cuando el sacerdote pronuncia las palabras en la consagración sobre el pan y el vino, durante la celebración de la Eucaristía, por la actuación del Espíritu Santo[7].

143

¿Continúa Cristo estando presente después de la consagración?

Cristo continúa estando presente, de manera real, como nuestro Señor y nuestro Dios, tanto tiempo como las apariencias de pan y de vino permanecen[8].

144

¿Por qué a la Eucaristía se le llama también Comunión?

Porque cuando recibimos a Jesucristo en la Eucaristía nos unimos a Él para que

"todos sean uno como tú Padre, estás en mi y yo en ti, para que también ellos estén en nosotros"[9].

---

[7] MF 34. **1353.**
[8] MF 11.56. **1377.**
[9] Jn 17,21. LG 7.

145

¿Hemos de recibir la Comunión frecuentemente?

La Iglesia manda que los católicos comulguen, al menos una vez al año. Normalmente lo hacen en Pascua o en el Tiempo pascual. Pero, quiere que, si es posible, comulguen a menudo ya que Jesús dijo "quien come mi carne y bebe mi sangre mora en mi y yo en él"[10].

146

¿Cómo se recibe la comunión dignamente?

El cristiano y la cristiana se deben preparar espiritualmente para recibir la Santísima Eucaristía. Concretamente deben:

1. Guardar el ayuno eucarístico.
2. No haber cometido ningún pecado mortal.
3. Recordar la fe del centurión que decía: "Señor, yo no soy digno de recibirte, pero di una sola palabra y mi alma será salvada"[11].

147

¿Los católicos pueden participar en la Eucaristía de otras comunidades cristianas no-católicas?

Los católicos no pueden participar en la celebración de la Eucaristía de otras comunidades cristianas no-católicas, porque la Eucaristía es la expresión de la perfecta unidad. A partir de la

---

[10] Jn 6, 56. CIC 917. **1389.**
[11] CF. Mc 8,8. CIC 919. **1385ss.**

fe, de la esperanza y del amor debemos conservar nuestra entidad cristiana y regar por la pronta unión de todas las Iglesias[12].

148 ¿Cuál es la actitud de la Iglesia Católica en relación con otras comunidades cristianas?

La Iglesia Católica dice que desea que todos los cristianos que están privados del ejercicio de la completa fe, de la enseñanza de la jerarquía y de los Sacramentos, puedan un día unirse "en una única celebración de la Eucaristía en la única y sola Iglesia"[13].

149 ¿Hemos de adorar a la Eucaristía?

Estamos obligados a adorar, en la Eucaristía, sólo a Jesucristo, porque, en este sacramento, Jesucristo es el verdadero Emmanuel, "Dios con nosotros"[14].

150 ¿Cómo adoramos la Eucaristía?

Adoramos a nuestro señor Jesucristo en la Santísima Eucaristía:

1. Cuando decimos 'Amén' al recibir el cuerpo y la sangre de Cristo en la comunión.

2. Cuando hacemos genuflexión ante las especies eucarísticas.

---

[12] U R 8. CIC 923. **1399.**

[13] UR 4. **1400.**

[14] MF 67.

3. Cuando participamos en otras devociones eucarísticas como es la exposición y la bendición con el Santísimo Sacramento[15].

4.

151

¿Qué es la bendición con el Santísimo Sacramento?

La bendición con el Santísimo Sacramento es un acto público de adoración, en el cual la Eucaristía es trasladada desde el sagrario y, después de ser expuesta sobre el altar, es elevada, en forma de cruz, para bendecir a los presentes.

152

¿Está Cristo presente bajo las dos apariencias de pan y vino?

Cristo esta presente bajo ambas especies de pan y de vino[16]. Es recomendable que, observando las disposiciones canónicas al respecto, los fieles católicos comulguen también con la especie del vino consagrado, tal como se recomendó en el Concilio Vaticano II[17].

---

[15] MF 66. **1379.**

[16] . DS 930-2. 1390.

[17] *Cfr. Instrucción General del Misal Romano,* n. 242. La Conferencia Episcopal de cada país tiene el poder de decidir la extensión y las condiciones en que los obispos pueden permitir, en sus diócesis, la Comunión bajo las dos especies en ocasiones especiales para la vida espiritual de cualquier comunidad o grupo de fieles.

153

¿Por qué Jesús quiso hacerse presente bajo las apariencias de pan y de vino?

Porque Jesús quiso ofrecerse a si mismo como sacrificio de pan de vida y de sangre derramada por nosotros.

> "[...] Nuestro Salvador, al partir de este mundo al Padre, instituyó este sacramento, en el cual derramó las riquezas de su amor divino hacia los hombres [...]. Quería que este sacramento fuera recibido como alimento espiritual para las almas, para que las almas pudieran ser nutridas y fortalecidas, viviendo la vida de Aquel que dijo: "Él quien me come vivirá por mí". [...] Quería que estuviera atado por el vínculo del amor, para que todos profesáramos lo mismo, y que no hubiera cismas entre nosotros"[1]..

---

[1] *Cfr.* a este respecto, *cfr.* el *Decretum de sanctissimo eucharistiae sacramento*, de la sesión XIII, del 11 de octubre de 1551, del Concilio de Trento, cap. II *Deratione institutionis huius sanctissimi sacramenti*, J.

154

¿Qué es un sacrificio?

Un sacrificio es un acto de amor y adoración por el que entramos en total comunión con Dios y lo glorificamos cono Señor de todo[2].

155

¿Implica un sacrificio el derramamiento de sangre?

No todos los sacrificios implican el derramamiento de sangre, pero el supremo sacrificio de amor y adoración implica el ofrecimiento de uno mismo hasta el derramamiento de sangre: "No hay mayor amor que el del hombre que da la vida por sus amigos"[3].

¿Por qué la Eucaristía es un sacrificio?

ALBERIGO - J. A. DOSSETTI - P.-P. JOANNOU - C. LEONARDI - P. PRODI, *Conciliorum Oecumenicorum Decreta*, Bologna, [3]1978, p. 694: *Cap. II. De ratione institutionis buius sanctissimi sacramenti*: "Ergo Salvator noster discessurus ex hoc mundo ad Patrem sacramentum hoc instituit, in quo divitias divini sui erga homines amoris velut effudit memoriam faciens mirabilium suorum, et in illius sumptione colere nos sui memoriam praecepit suamque annunciare mortem, donec ipse ad iudicandum mundum veniat". Sumi autem voluit sacramentum hoc tanquam spiritalem animarum cibum, quo alantur et confortentur viventes vita illius, qui dixit: Qui manducat me, et ipse vivet propter me, et tanquam antidotum, quo liberemur a culpis quotidianis et a peccatis mortalibus praeservemur. et perpetuae felicitatis, adeoque symbolum unius illius corporis, cuius ipse caput existit, cuique nos tanquam membra arctissima fidei, spei et charitatis Connexione astrictos esse voluit, ut idipsum omnes diceremus nec essent. Pignus praeterea id esse voluit futurae nostrae gloriae et perpetuae felicitatis, adeoque symbolum unius illius corporis, cuius ipse caput existit', cuique nos tanquam membra arctissima fidei, spei et charitatis connexione astrictos esse voluit, ut idipsum omnes diceremus nec essent in nobis schismata".

[2] **1368.**

[3] Jn 15,13.

156 Porque es el mismo cuerpo y la misma sangre de Cristo ofrecidos para unir el hombre con Dios "en virtud de esta voluntad somos nosotros santificados por la oblación del cuerpo de Jesucristo, hecha una sola vez"[4]. Jesús el Cristo se ofreció, una sola vez en el Calvario en sacrificio. En la celebración eucarística no se repite, ni se dobla el sacrificio de Cristo en el Calvario, sino que éste se actualiza y se celebra de nuevo, incruentamente, en conmemoración del único sacrificio de Cristo, tal como él mismo mandó hacerlo a los apóstoles en la Última Cena[5].

157 ¿Cómo sabemos que la eucaristía es un verdadero sacrificio?

Sabemos que la Eucaristía es un verdadero sacrificio en el contexto de la Última Cena, de la Pascua y de las palabras usadas por Jesús: "Este cáliz es la nueva alianza en mi sangre, que será derramada por vosotros"[6].

---

[4] Heb 10,10. **1362.**

[5] *Cfr.* a este respecto, el *Decretum de sanctissimo eucharistiae sacramento,* de la sesión XIII, del 11 de octubre de 1551, del Concilio de Trento, J. ALBERIGO - J. A. DOSSETTI - P.-P. JOANNOU - C. LEONARDI - P. PRODI, *Conciliorum Oecumenicorum Decreta*, Bologna, [3]1978, p. 693-698.

[6] *Cfr.* PABLO VI, Carta Encíclica *Mysterium Fisei,* Sobre la doctrina y culto de la Sagrada Eucaristía, 3 de septiembre de 1965.

A
Ω
2017

VII
LOS SACRAMENTOS DEL PERDÓN

158 ¿Qué es el Sacramento de la Penitencia o de la Reconciliación

La penitencia o Reconciliación es el Sacramento de la inmensa misericordia de Dios que nos perdona todos los pecados cometidos después del Bautismo[1].

159 ¿Por qué se le llama así al Sacramento de la Reconciliación o Confesión?

Porque confesando nuestros pecados nos reconciliamos también con la Iglesia[2] i, en ella, tenemos la seguridad del perdón de Dios.

160 ¿Es necesario el arrepentimiento al confesarse?

No sólo hemos de arrepentirnos de nuestros

---

[1] **1425ss**

[2] PO 5; LG 11. **1444.**

pecados que han ofendido a Dios que nos ha siempre amado, sino, además, hemos de hacer el propósito de llevar una vida mejor en el futuro[3].

161 ¿Cómo podemos expresar el arrepentimiento por nuestros pecados?

Podemos decir una oración como estas:

Oh, Dios mío, tú que eres tan bueno, siento mucho haber pecado contra tí, con la ayuda de tu gracia, espero no volver a pecar más.

Señor mío Jesucristo, Dios y hombre verdadero, creador, padre y redentor mío, me pesa, por haberte ofendido a ti, Bondad Infinita. También, me pesa porque puedes castigarme con las penas eternas del Infierno. Ayudado por tu divina gracia, propongo confesarme y cumplir la penitencia que me será impuesta. Amén[4].

Señor Jesús, Hijo de Dios, ten piedad de mí pobre pecador[5].

162 ¿El solo arrepentimiento, por amor a Dios, perdona los pecados?

---

[3] **1450ss.**

[4] Fórmula clásica en España.

[5] Fórmula de la "Plegaria del Corazón" o "Plegaria de Jesús", muy extendida en la Iglesia bizantina y hoy, también, en occidente.*Cfr*. GONZÁKEZ-AGÀPITO, JAUME, *La plegaria de Jesús.Oración del corazón*, Barcelona, 2021.

El arrepentimiento por amor a Dios hace que se nos perdonen los pecados, aún antes de que los confesemos. Sin embargo, sobre todo si son mortales los pecados, debemos confesarlos lo antes posible[6].

163 ¿Qué es un pecado mortal?

Una grave violación de la ley de Dios cometida deliberadamente, sabiendo que está mal.

164 ¿Por qué tenemos que confesar todos y cada uno de los pecados mortales a un sacerdote?

Porque cada pecado mortal ofende a Dios y también hiere a su Iglesia. Dios "imparte su misericordia por su Iglesia mediante sus sacerdotes"[7].

165 ¿Cuándo dio Dios poder a los sacerdotes para perdonar los pecados?

Cuando exhaló su aliento sobre sus Apóstoles y dijo

> "Recibid al Espíritu Santo. A quienes perdonareis los pecados les serán perdonados y a quienes se los retuvierais les serán retenidos"[8].

---

[6] **1452.**

[7] OP 6. **1456.**

[8] Jn 20, 22. **1444.**

166

¿Cómo perdona un sacerdote los pecados?

Un sacerdote imparte la absolución de los pecados, después de escuchar la confesión de una persona, de imponerle la penitencia y al recitar la fórmula de absolución en nombre de la Santísima Trinidad[9].

167

¿Cuáles son las palabras de la absolución?

Las palabras de la absolución son: "Yo te absuelvo de tus pecados, en el nombre del Padre, del Hijo y del Espíritu Santo"[10].

168

¿Por qué impone el sacerdote una 'penitencia'?

Porque la auténtica conversión implica un deseo de conversión, de cambio de vida, de reparación por los pecados cometidos, y la penitencia es un remedio para los pecados y una ayuda para una vida nueva[11].

169

¿Cuál es el origen del Sacramento de la Penitencia ?

Originalmente la Iglesia, consciente del daño del pecado, insistía que se cumplieran estrictos actos de penitencia para obtener la absolución. Ahora, permite que se recen oraciones, que se ayune y que se den limosnas como una

---

[9] 1456.

[10] En el rito latino romano. En el rito bizantino es más bien imprecatoria

[11] MS 6. **1459ss.**

penitencia que se une a los méritos de Cristo, de Nuestra Señora y de los Santos.

170 ¿Qué son las indulgencias?

Las indulgencias con plegarias o buenas obras, que la Iglesia enriquece por los méritos de Cristo y de la Comunión de los Santos, como reparación de nuestros pecados. También pueden ser aplicadas a las almas del purgatorio[12].

171 ¿Debemos confesarnos aunque no hayamos cometido ningún pecado mortal?

SÍ, porque recibimos la gracia de Dios y, además, los consejos y la ayuda del sacerdote para poder superar los hábitos del pecado, para aumentar nuestra humildad y nuestro amor a Dios y a los miembros de la Iglesia[13].

172 ¿Con qué frecuencia hemos de confesarnos?

Estamos obligados a confesar nuestros pecados al menos una vez al año[14]. La Iglesia, con todo, recomienda hacerlo con más frecuencia, sobre todo si se ha cometido algún pecado mortal y también si se quiere obtener el perdón de los pecados veniales y de las faltas.

---

[12] **1457ss.**
[13] **1458.**
[14] CIC 989.

173 ¿Por qué los niños y las niñas han de confesarse antes de su primera comunión?

Primero porque los niñas y los niños son hombres y mujeres más jóvenes, capaces de comprender. También porqué han de dirigirse a Jesús en la confesión y pedirle que perdone sus pecados y sus faltas, y que les ayude a aumentar su amor por quien muy pronto recibirán en la comunión[15].

---

[15] GC 5. CIC 914.

174

¿Qué es el Sacramento de la Unción de los enfermos?

El Sacramento de la Unción de los enfermos está enraizado en los mismos actos de Cristo hacia los enfermos, cuando los curaba y les perdonaba sus pecados[1].

175

¿En qué se basa la Iglesia para considerar como un Sacramento la Unción de los enfermos?

La Iglesia considera la Unción de los enfermos como un Sacramento, en base a la autoridad de Cristo que envió sus Apóstoles a curar a los enfermos[2] y en lo que dice la *Carta de Santiago*:

> "Si alguno de vosotros está enfermo, que envíe a buscar a los presbíteros de la Iglesia, y que le unjan con el óleo, en el nombre del Señor y que oren so-

---

[1] Mc 2, 5.9. **1503.**

[2] Mc 6, 13.

bre él. La oración, hecha con fe, salvará al enfermo y el Señor le hará levantar y los pecados que hubiere cometido le serán perdonados"[3].

176

¿La Unción de los enfermos es sólo para los que están a punto de morir?

No sólo es para lo que van a morir en breve, sino también para cualquiera que está en peligro de muerte, está muy enfermo o es un anciano.

177

¿Qué palabras utiliza el sacerdote en la Unción de los enfermos?

El sacerdote dice mientras unge la frente del enfermo:

"Con esta Santa Unción y por su bondadosa misericordia, te ayude el Señor con la gracia del Espíritu Santo".

Después, mientras le unge las manos, dice:

"Para que el Señor te salve y te libre de tus pecados, te conceda la salvación y te conforte en tu enfermedad. Amén".

178

¿Cuáles son los efectos del Sacramento de la Santa Unción?

Son reconfortar y dar fuerza al enfermo,

---

[3] Sant 5, 13-16. **1511.**

perdonarle sus pecados y confortarle en su ansiedad por el estado de enfermedad y, en algún caso, librarle la misma enfermedad y devolverle la salud, si fuera esta fuera la voluntad de Dios.

VIII
LOS SACRAMENTOS
DE UN ESTADO CONSAGRADO:
ORDEN SACERDOTAL Y MATRIMONIO

179 ¿Qué es el Sacramento del Orden sacerdotal?

El Sacramento del Orden sacerdotal es el Sacramento por el cual algunos hombres reciben el poder de ser servidores de Jesucristo, como obispos, presbíteros y diáconos.

180 ¿Cuándo instituyó Jesucristo el Orden sacerdotal?

Cuando instituyo el Sacramento de la Eucaristía, en la Última Cena, cuando dijo a sus apóstoles: "Haced esto en conmemoración mía"[1].

181 ¿Participan todos los miembros de la Iglesia en el sacerdocio de Cristo?

Todos los miembros de la Iglesia participan

---

[1] Lc 22, 19. SC 47. **611.**

en el sacerdocio de Cristo por su Bautismo[2], pero aquellos que han recibido el Sacramento del Orden sacerdotal, son escogidos entre los hombres, por una vocación especial, y les es dado el servicio especial sobre todo en la celebración de la Eucaristía y los otros Sacramentos[3].

182

¿Por qué, en la Iglesia latina, se pide el celibato para recibir, algunas veces, el diaconado, y siempre el sacerdocio presbiteral y episcopal?

Porque Cristo escogió el celibato en su vida en la tierra, que es un medio que permite al hombre darse a todos, mientras se entrega totalmente a Dios[4].

183

¿Las mujeres pueden recibir el Orden sacerdotal?

Las mujeres no pueden recibir el Orden sacerdotal, porque el sacerdote representa al servidor de Cristo en su propia persona y Cristo fue y es un hombre y escogió solamente a hombres para ser sus apóstoles[5].

184

¿Confiere el Orden sacerdotal una relación especial con Cristo?

---

[2] 1Pe 2, 9.
[3] LG 10. **1547.**
[4] Mt 19, 12. PO 16. **1579.**
[5] IS 5. CIC 1024. **1577.**

El Orden sacerdotal confiere una relación muy especial con Cristo y un 'carácter', que hace que los sacerdotes de Cristo lo sean para siempre[6].

185 ¿Cómo actúan los sacerdotes "en la persona de Cristo"?

Los sacerdotes actúan en la persona de Cristo, al celebrar el Sacrificio de la Misa, la Eucaristía, y también cuando celebran los otros Sacramentos de Cristo.

186 ¿Si el sacerdote es una persona indigna, afecta esto a su rol en los Sacramentos?

El estado indigno o pecaminoso de un sacerdote no interfiere en la acción santificadora de Cristo en los Sacramentos[7].

187 ¿Es correcto dar dinero a los sacerdotes para que celebren la Eucaristía o los Sacramentos?

Es correcto y lo aclara San Pablo:

"¿No sabéis que los que ejercen funciones sagradas viven del templo y los que sirven al altar del altar participan?"[8].

---

[6] Heb 7, 24. **1582.**

[7] **1584.**

[8] 1Cor 9, 13-14. CIC 945.

188

¿Qué es el Sacramento del Matrimonio?

Es el Sacramento que bendice la unión de un hombre y una mujer, para toda la vida. Una unión que refleja la unión de Cristo con su Iglesia[1].

189

¿Quién es el ministro del Sacramento del Matrimonio?

El ministro del Sacramento del Matrimonio es el obispo, el presbítero o el diácono que preside la celebración[2]. En la Iglesia latina ha habido una opinión que la jerarquía ha asumido en alguna declaración: que los ministros son los mismos esposos[3].

---

[1] **1612ss.**

[2] Es un tema muy debatido. En la Iglesia latina muchos consideran que los ministros son los contrayentes mismos, pero en la Iglesia de Oriente se afirma que el ministro del Sacramento es el clérigo que preside la celebración y no los contrayentes.

[3] Si los ministros son lo mismos cónyuges, ello hace que ellos mismos confiaran y reciban el mismo Sacramento, *cfr*. **1623**). En esta opinión la presencia del obispo, del presbítero, del diácomo o del representante de la

190

¿Cuál es el papel del obispo, del presbítero o del diácono en la celebración del Sacramento del Matrimonio?

El obispo, el presbítero o el diácono tiene que dar testimonio del Matrimonio en nombre de la Iglesia y ha de bendecir a la pareja que se casa.

191

¿Cómo sabemos que el Matrimonio es un Sacramento?

Por las enseñanzas de la Iglesia basadas en las palabras del San Pablo. "Este es un gran misterio (= sacramento) y me refiero a Cristo y la Iglesia"[4].

192

¿Cuáles son los efectos del Sacramento del Matrimonio?

El Sacramento del Matrimonio impone la obligación al marido y a la mujer de darse indivisiblemente el uno al otro y " hace que cooperen con el amor de Dios, su creador, que, por medio de ellos, aumentará la familia humana"[5].

Iglesia se requiere solo como testigo para que el matrimonio sea válido, *cfr.* CIC 1108. En casos muy especiales se puede celebrar el matrimonio con la sola presencia de los testigos laicos, siempre y cuando estén autorizados, *cfr.* CIC 1110 -1112.

[4] Ef 5, 32. **1616.**

[5] GS 50. **1638ss.**

193

¿Ese amor indivisible entre marido y mujer prevé y permite el divorcio?

No, no puede permitir el divorcio por la indivisible unidad de Cristo con la Iglesia, de la cual el mismo matrimonio es un signo visible: "Lo que Dios ha unido, no lo separe el hombre"[6].

194

¿Cuál es la diferencia entre divorcio y anulación?

Un decreto de anulación declara que nunca hubo Matrimonio. Uno de divorcio crea una nueva situación de separación entre dos personas realmente casadas.

195

¿Qué es un "Matrimonio mixto"?

Un Matrimonio es mixto, cuando uno de los cónyuges es católico y el otro no.

196

¿Por qué impone la Iglesia condiciones en el caso de un matrimonio mixto?

La Iglesia es consciente del peligro de la indiferencia religiosa y de un probable conflicto sobre los deberes respecto al Bautismo y a la educación de los hijos en la fe católica. Es por esta razón que exige un compromiso de respeto mutuo entre los contrayentes de confesiones cristianas diferentes o de religiones diversas.

---

[6] Mt 19, 6; Mc 10,1ss. GS 47. **1644.**

197

¿Qué condiciones impone la Iglesia antes de permitir un Matrimonio mixto?

La Iglesia pide a los cónyuges católicos que se aparten de los peligros que puedan hacer que pierdan su fe y les hace prometer que bautizaran y darán enseñanza católica a sus hijos. También pide a la parte no católica que sea totalmente consciente de esta situación y que no imponga su negación como principio[7].

198

¿Como deben, el marido y la mujer cooperar, con el amor creador de Dios, para aumentar la familia humana?

Deben permitir todos y cada uno de los actos del Matrimonio abiertos a la transmisión de la vida humana[8].

199

¿A quién le corresponde el derecho de decidir el número de hijos que el marido y la esposa deben tener?

Corresponde a los mismos esposos y a nadie más el decidir, de acuerdo con la ley de Dios y sus propias posibilidades, el número de hijos que podrán tener[9].

200

¿Prohíbe la ley de Dios los sistemas artificiales para el control de la natalidad?

---

[7] CIC 1125. **1635.**

[8] HV 11. **1652.**

[9] **2372.**

La ley de Dios prohíbe los métodos artificiales para el control de natalidad cuando estos excluyen simplemente la transmisión de la vida humana[10].

---

[10] **2370.** *Cfr.* PABLO VI, *Humanae vitae.*

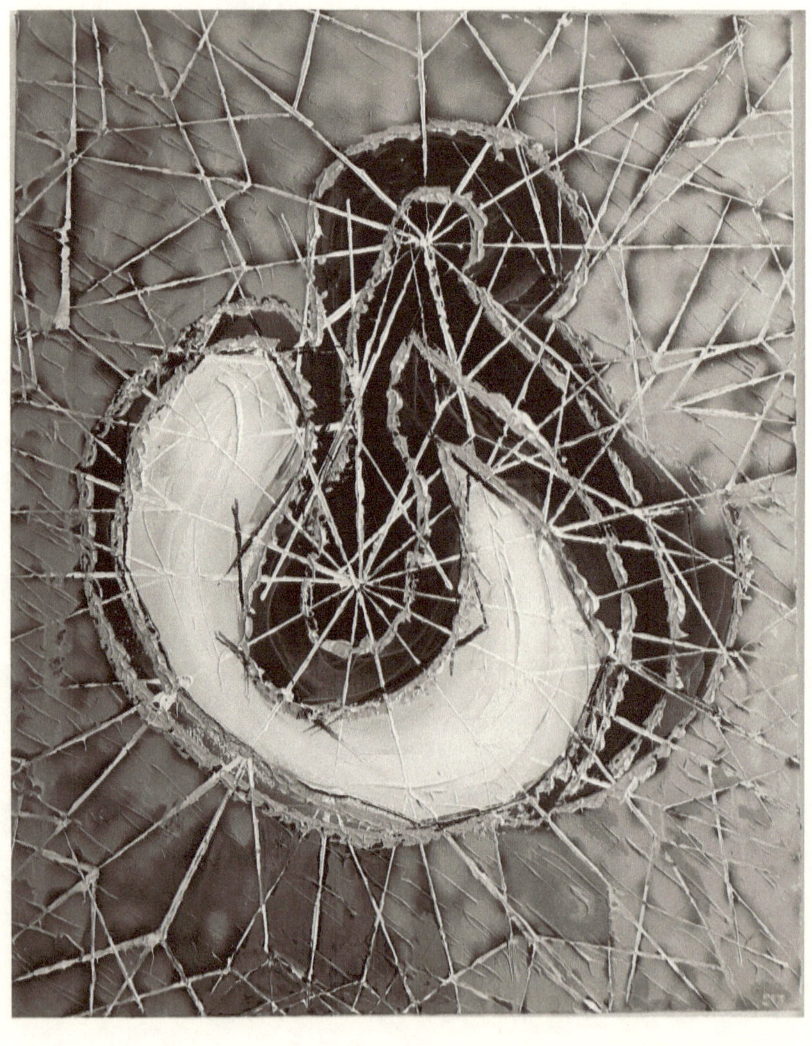

IX
LA ORACIÓN

201 ¿Qué es la oración?

La oración es elevar, con amor, el corazón y la mente hacia Dios[1].

202 ¿Cómo se ha de rezar?

Hay que rezar siempre mediante Cristo nuestro Señor, en privado y en comunión con los otros miembros del cuerpo de Cristo, que es la Iglesia.

203 ¿Por qué hay que rezar en privado?

Jesús a menudo rezaba al Padre en privado[2]. Él nos dijo: "Cuando recéis, entrad en vuestra habitación, cerrad la puerta y rezad a vuestro Padre en secreto[3].

---

[1] **2559.**
[2] Mc 1, 35; 6,46; Lc 6, 12; 9, 18.
[3] Mt 6, 6. SC 12. 2602.

204   ¿Existe un modelo de oración?

Hay una plegaria, el Padrenuestro, que nos enseñó el mismo Cristo[4]:

"Padre nuestro, que estás en el cielo:
Santificado sea tu nombre.
Venga tu reino.
Hágase tu voluntad,
en la tierra como en el cielo.
El pan que nos hace subsistir,
dánoslo hoy.
 Y líbranos de nuestras deudas
como nosotros libramos a nuestros deudores.
No nos dejes en la tentación,
sino líbranos del Mal".
Amén[5].

205   ¿A qué llamamos "Oración pública de la Iglesia"?

La "Oración pública de la Iglesia" es la Sagrada Liturgia[6], en la cual toda la Iglesia, públicamente reunida, está en plegaria a Dios Padre, inspirada y movida por el Espíritu Santo, por medio de Jesucristo.

---

[4] Ver el Apéndice. **2759ss.**

[5] La traducción del texto original del *Evangelio según Mateo*, es nuestra y quiere ser literal. En el nº 279 de este *Breve Catecismo de la Iglesia Católica* se hallará la fórmula utilizada en el culto de la Liturgia católica de rito romano en España.

[6] SC 2.

206 ¿Cuáles son las celebraciones más importantes de la Liturgia?

Son las de la Sagrada Eucaristía, las de los Sacramentos y las de la Liturgia de la Horas[7].

207 ¿Por qué hemos de tomar parte en las celebraciones litúrgicas?

Porque, en ellas, nos unimos a Cristo y mutuamente los cristianos en una plegaria dirigida a Dios, nuestro Padre:

"Estaban siempre ocupados, con los Apóstoles, enseñando, partiendo el pan y orando en las horas fijadas para la plegaria"[8].

---

[7] **1174ss.**

[8] Hch 2, 42. SC 8. **1108.**

TERCERA PARTE
LA LEY DE CRISTO

የወደረ፡ደጡ፡
በዩት፡
ሥዕልቅ፡እሥውንቲ

X
LOS MANDAMIENTOS DE DIOS

208 ¿Cómo demostramos nuestro amor a Dios?

Demostramos que amamos a Dios guardando sus Mandamientos. Cristo dijo: "Si guardáis mis Mandamientos, permaneceréis en mi amor"[1].

209 ¿Qué son los Mandamientos de Dios?

Los Mandamientos de Dios fueron dados a Israel a través Moisés y fueron perfeccionados por Cristo, especialmente en el *Sermón de la Montaña*[2].

210 ¿Cuáles son los Mandamientos que fueron dados concretamente a Israel?

Los Diez Mandamientos fueron dados a Israel, son:

---

[1] Jn 15,10.
[2] Mt 5-7. **1966ss.**

"Yo soy el Señor, tu Dios. No tendrás otros dioses.

No tomarás el nombre del Señor, tu Dios, en vano.

Santificarás el día santo del 'Sabbath'.

Honrarás a tu padre y a tu madre.

No matarás.

No cometerás adulterio.

No robarás.

No darás falso testimonio contra tu prójimo.

No desearás la mujer de tu prójimo.

No desearás los bienes ajenos"[3].

---

[3] Ex 20; Dt 5.

211

¿Cuál es el primer mandamiento?

"Yo soy el Señor, tu Dios. No tendrás otros dioses".

212

¿Qué nos manda el primer Mandamiento?

Hemos de:

1. Creer en Dios,
2. Confiar en El
3. Amarle por encima de todo.
4. Adorarlo sólo a Él.

213

¿Cómo se demuestra la fe en Dios?

Con los actos de fe, rezando para aumentarla y estudiando las fuentes del cristianismo para poner en práctica lo que se ha aprendido[1].

---

[1] CT 25. **2088.**

214

¿Qué es un acto de fe?

Un acto de fe, por ejemplo, es decir:

"Dios mío, creo en ti y en todo lo que tu Iglesia enseña, porque tú lo has dicho y tú dices siempre la verdad".

215

¿Cómo adoramos a Dios?

Lo adoramos cuando lo ponemos por encima de todos nuestros pensamientos, nuestras palabras, nuestras acciones y nuestros intereses: "al rendirle el homenaje de nuestra fe"[2].

216

¿Por qué reverenciamos a Santa María, a los Santos y a sus imágenes?

Los reverenciamos para demostrarles nuestro respeto, como los hombres consideran correcto respetar los grandes hombres y las grandes mujeres de este mundo y conservan sus imágenes. Lo santos "son nubes de testigos que nos envuelven"[3] y nos animan a perseverar y a orar[4].

217

¿Cómo demostramos que confiamos en Dios?

Demostramos que confiamos en Dios cuan-

---

[2] Rm 1, 5.

[3] Hch 12, 1.

[4] **1161.**

do queremos lo que Dios quiere de nosotros porque "nuestro Padre que está en los cielos sabe qué nos hace falta"[5].

218 ¿Cómo se peca contra el primer Mandamiento?

Cuando uno se olvida de Dios, cuando no reza, cuando no glorifica a Dios y cuando cae en la idolatría.

219 ¿Cómo se peca por idolatría?

Se peca por idolatría cuando se da, a alguien o a algo creado, el honor que sólo se debe otorgar a Dios. También con la superstición, con la astrología, con el ocultismo o dando culto a Satanás[6].

220 ¿Satanás, el Demonio, es una persona real?

La palabra 'Satanás', que quiere decir "El Adversario", designa una persona real que retó a Dios. Él y los otros ángeles caídos, odian el género humano[7].

221 ¿Cómo sabemos que existe Satanás?

Por las palabras de Cristo, cuando habló de la pérdida de la gracia por parte de Satanás y

---

[5] Mt 6, 32. **2090.**

[6] **2110ss.**

[7] Ap 12, 17. **391ss.**

cuando le llamó el "Príncipe de las Tinieblas", el "Padre de las Mentiras" y dijo que está maldito por toda la eternidad[8]. También lo sabemos por la enseñanza de la Iglesia.

222

¿Cuál debe ser nuestra actitud respecto a Satanás?

Debemos verlo como una parte del gran misterio del pecado y de sus consecuencias. Pero hay que "resistir contra él con nuestra fe"[9], confiando en Dios y en sus ángeles, con los Sacramentos de la Iglesia[10].

---

[8] Lc 10, 18; Jn 14, 30; 8, 44; Mt 24, 41.

[9] 1Pe 5, 9.

[10] **334.**

223

¿Cuáles son el segundo y el octavo Mandamientos?

Estos dos Mandamientos son:

1. El segundo Mandamiento es "No tomarás el nombre de Dios en vano".
2. El octavo Mandamiento es "No darás falso testimonio contra tu prójimo".

224

¿Qué piden el segundo y octavo Mandamientos?

Que seamos testigos de la verdad con Dios y con el prójimo.

225

¿Cómo se peca contra el segundo Mandamiento?

Cuando se contradice lo que se ha prometido o jurado a Dios: por el perjurio y por la blasfemia[1].

226 ¿Cómo hay que guardar la propia palabra y hay que decir la verdad?

Como seguidores de Cristo, que es "la Verdad"[2], debemos ser conocidos por nuestra sinceridad: "Que lo que digáis sea un simple 'Si' o un 'No'[3]. El mártir[4] es el supremo testigo de la verdad.

227 ¿Cómo se peca contra el octavo Mandamiento?

Contra el octavo Mandamiento se peca cuando mentimos, cuando juzgamos a la ligera, cuando calumniamos, cuando difamamos, cuando quitamos el "buen nombre" de nuestro prójimo.

---

[1] **2147ss.**

[2] Jn 14, 6: "*λέγει αὐτῷ [ὁ] ἰησοῦς, ἐγώ εἰμι ἡ ὁδὸς καὶ ἡ ἀλήθεια καὶ ἡ ζωή· οὐδεὶς ἔρχεται πρὸς τὸν πατέρα εἰ μὴ δι' ἐμοῦ*".

[3] Mt 5,37; *cfr*. Ja 5,12.

[4] *Cfr*. la etimología de μάρτυρ , υρος , ὁ y ἡ , Aeol. Para Att. μάρτυς, Hdn.Gr. 1.47, al.; también Dor., SIG 953.22 (Calymna, II d.C.); y μάρτυρος , ὁ , Ep. De para *μάρτυς, ἐστὲ μάρτυροι* Il. 2.302, etc; también en la Grecia central, IG 9(1).226 (Drymaea), 364 (Naupactus), GDI 1684 , al. (Delph.), etc.: sg. en Od., *οἶσιν ἄρα Ζεὺς μάρτυρος* 16.423, *cfr*. PGen. 54.6 (IV a. C.).

228 ¿Cuál es el tercer Mandamiento?

El tercer Mandamiento es "Recuerda santificar el día de *Sabbath*". Es decir, para los cristianos, el domingo.

229 ¿Qué nos manda el tercer Mandamiento?

Santificar el domingo, igual que los días de fiesta que han sido marcados de obligación por la Iglesia[1].

230 ¿Por qué guardamos la fiesta del domingo?

El domingo es hoy el séptimo y el último día de la semana para el mundo laboral. Pero, en la tradición cristiana, es el primer día de la semana, porque es el nuevo

---

[1] CIC 1246. **1166. 482.**

Sabbath cristiano que Cristo santificó con su resurrección[2].

231

¿Cómo santifican los cristianos el domingo?

Participando de la celebración de la Eucaristía, absteniéndose de trabajar y dedicando todo el día a Dios con actividades espirituales, culturales, festivas, recreativas y artísticas[3].

---

[2] **2174.**

[3] CIC 1247. **2184.**

232 ¿Cuál es el cuarto Mandamiento?

El cuarto Mandamiento es honrar al padre y a la madre.

233 ¿Qué nos manda el cuarto Mandamiento?

Obedecer a los padres y a los superiores en el razonable ejercicio de su autoridad[1].

234 ¿Cuáles son los deberes de un ciudadano respecto a su país?

Un ciudadano ha de trabajar para incrementar el bienestar de su país, con su voto, pagando los impuestos, defendiendo los derechos de su país cuando sea necesario y ejerciendo el papel que le corresponde en la sociedad[2].

---

[1] Rm 1, 28-31; 1Pe 2, 13ss. **2199.**
[2] GS 75. **2238ss.**

235 ¿Cuáles son las obligaciones de las autoridades?

Deben ejercer su autoridad teniendo en cuenta que toda autoridad viene de Dios[3], y asimismo deben proteger los derechos individuales mientras promueven el "bien común" de toda la comunidad[4].

---

[3] Jn 19,11.
[4] **2234ss.**

236

¿Cuál es el quinto mandamiento?

El quinto Mandamiento es: "No matarás".

237

¿Qué nos manda el quinto Mandamiento?

Respetar el regalo de Dios que es la vida. Es necesario repararlo en nosotros mismos y en los demás[1].

238

¿Cómo se peca contra el quinto Mandamiento?

Con:

1. El asesinato.
2. El homicidio.
3. El suicidio.
4. El aborto.
5. La violencia cruel.
6. El escándalo público.

---

[1] **2259.**

7. La venganza[2].

239

¿Qué es el asesinato y el homicidio?

Es quitar la vida humana, de un individuo o de un conjunto de seres humanos, injustamente, de manera dolosa, pero intencionadamente.

240

¿Por qué no se puede abortar?

Porque el ser humano no nacido es inocente, posee la vida dada por Dios, con todos sus derechos humanos y está llamado a estar con Dios para siempre, después de su nacimiento[3].

241

¿Cuáles son las obligaciones de los médicos, de los enfermeros y de las enfermeras, en el caso de un nacimiento difícil?

Tienen la obligación, en este caso, de aportar su máxima habilidad y los mejores de sus conocimientos para salvar la vida de la madre y del hijo o de la hija.

242

¿Por qué está prohibida la eutanasia?

Porque es el poner el final directo de la propia vida o de la vida de otra persona[4].

---

[2] **2268ss.**
[3] *Cfr.* D 2, 2. GS 51. **2270.**
[4] **2277.**

243

¿La Iglesia condena el aborto y la eutanasia?

La Iglesia condena el aborto y la eutanasia como gravemente contrarios a la ley moral de Dios[5].

244

¿Qué dijo Jesús, el Cristo, sobre la necesidad de evitar el escándalo?

Dijo:

"Quien escandalice a uno de estos niños que creen en mí y los incite a pecar; mejor le sería que se le atara una rueda de molino al cuello y se le echara al mar"[6].

245

¿Por qué es inmoral la esterilización?

Porque es una grave mutilación que incapacita al cuerpo de poder de procrear o dar a luz los hijos.

246

¿Cuál es posición de la Iglesia respecto a la guerra?

La Iglesia trabaja para acabar con las guerras que son el resultado del pecado, porque todos los hombres somos hermanos y Dios es nuestro padre:

"Bienaventurados los constructores de paz, por-

---

[5] GS 51. **2270ss.**

[6] Mt 18, 6; Mc 9, 42; Lc 17, 2. **2284ss.**

que serán llamados hijos de Dios"[7].

247

¿Es necesaria y tolerable la "carrera de armamentos"?

La carrera de armamentos no es necesaria ni tolerable. Es una de las grandes maldiciones para la raza humana: lleva consigo todos los males que pretende evitar: "El que toma la espada, por la espada morirá"[8].

248

¿No puede un país defenderse?

Un país puede defenderse a si mismo para conservar su seguridad y su libertad. Pero no puede hacer valer sus derechos y guerrear sólo con fines de venganza[9].

---

[7] Mt 5, 9. GS 82. 2307.

[8] Mt 26. 52. GS 81. 2315.

[9] GS 81. 2315.

249

¿Cuáles son el sexto y noveno Mandamientos?

El sexo es presentado, en los Mandamientos de Dios en una doble vertiente:

1. El sexto mandamiento es "No cometerás adulterio".
2. El noveno es "No desearás la mujer de tu prójimo".

250

¿Qué piden el sexto y noveno Mandamientos?

Ser puros y pudorosos en nuestro comportamiento:

"Bienaventurados los puros de corazón porque verán a Dios"[1].

---

[1] Mt 5, 8. 2518.

251

¿Qué es el adulterio?

Es el pecado de la infidelidad, de uno de los cónyuges respecto a su pareja[2], que hace con otro hombre o mujer que no es su cónyuge.

252

¿Este Mandamiento prohíbe también los pensamientos impuros?

Jesús lo dijo muy claro:

"Cualquiera que mire a una mujer, con lascivia, ha cometido ya adulterio con ella en su corazón […]. Toda esa maldad viene de dentro y mancilla al hombre"[3].

253

¿Están prohibidas las relaciones prematrimoniales y la masturbación?

Sí. El sexo no es algo destinado únicamente a mi placer egoísta, sino que es la experiencia de la suprema gratuidad, en la oblación desinteresada del amor. El Matrimonio es la sacramentalización de esta realidad sagrada[4].

Los que consideran el sexo sólo como algo suyo particular y propio, para su único placer personal e individual, no pueden, muchas veces, entender esa gratuidad sagrada del sexo.

---

[2] **2380-2381.**

[3] Mt 5,28; Mc 7,23. **2336.**

[4] **2351ss.**

254

¿Cuál es la actitud de la Iglesia en relación con los homosexuales?

La Iglesia considera que las relaciones sexuales entre personas del mismo sexo son, por su misma naturaleza, una equivocación. Los homosexuales han de vivir una vida de castidad y son llamados a la misma santidad, dentro de la Iglesia[5] , a la que están llamados todos los otros cristianos.

255

¿El cristiano cómo debe proteger su pureza?

El cristiano debe preservar su pureza venciendo los deseos impuros y las tentaciones con la gracia de Dios. Evitando, también, las ocasiones de pecado por el exceso de bebida, por la consumición de droga, por la pornografía y por las diversiones indecentes[6]. Así, el cristiano y la cristiana no serán los esclavos de sus propias pasiones, sino que estas estarán sometidas a su gran ideal de donación a Dios y al prójimo.

---

[5] PH 8. **2357.**

[6] Gal 5, 16; 1Tes 4, 4. **2291, 547.**

256

**¿Cuáles son el séptimo y el décimo Man-
damientoS?**

El séptimo mandamiento es: "No robarás" y
el décimo Mandamiento es "No desearás nada que pertenezca a
tu prójimo".

257

¿Qué piden esos mandamientos?

Respetar los derechos y las posesiones de
los demás y, además, no envidiarlos, "por-
que hemos crucificado la carne con sus pasiones y deseos"[1]. Y
queremos vivir en la libertad de la verdad[2].

258

**¿Cuál son los pecados contra el séptimo
Mandamiento?**

---

[1] Gal 5, 24. **2358.**

[2] Jn 8, 32: "καὶ γνώσεσθε τὴν ἀλήθειαν, καὶ **ἡ ἀλήθεια ἐλευθερώσει
ὑμᾶς**".

Contra el séptimo Mandamiento se peca al defraudar conscientemente a las personas o al substraer lo que es tuyo por robo, fraude o engaño.

259 ¿Hay que devolver lo que se ha robado?

Hay que restituir lo que se ha robado. Tampoco está permitido aceptar y negociar con lo que ha sido robado[3].

260 ¿Hay que respetar el medio ambiente?

Hay que respetar toda la creación de Dios que es el cosmos, ya que fue dada a los creados a imagen de Dios, para que lo cuidaran y no para que la saquearan y la estropearan.

261 ¿Hay que respetar la propiedad privada?

La propiedad privada hay que considerarla como una prolongación del ejercicio de la libertad humana y como un incentivo para el trabajo, pero no como algo substraído al bien común que hay que mantener contra todo y contra todos[4].

---

[3] Ef 4, 28. **2409s.**
[4] CA 31. GS 71.**2402ss.**

262

¿Todos los hombres tienen derecho a participar de las riquezas de la tierra?

Todos los hombres tienen derecho a participar de las riquezas de la tierra, porque Dios hizo la tierra con sus riquezas para todos.

263

¿Hay que ayudar a los pobres?

Hay que ayudar realmente a los pobres, tal como lo prescribe clatamente el *Nuevo Testamento*:

1. "Nuestra abundancia debería paliar su necesidad"[5]

2. "Todo lo que hiciereis por cualquiera de estos hermanos, por mi lo hicisteis"[6].

264

¿Cuál debe ser nuestra actitud con los bienes materiales?

Hay que utilizar nuestros bienes para "preparar para nosotros los tesoros del cielo"[7] y no permitir que sean ellos los que nos posean y nos esclavicen a nosotros[8].

---

[5] 28, 14.
[6] Mt 25, 40. AA 8. **2443ss.**
[7] *Cfr*. Mt 6, 20.
[8] GS 27. **2544ss.**

265 ¿Qué significa el trabajo para el cristiano?

El trabajo hay que considerarlo como algo natural para el hombre. Por el esfuerzo ya hecho, se recibe una participación creadora en la redención misma que Cristo comenzó, en su humillación, al hacerse uno de tantos[9]. Pero, hay que participar de una manera eficaz y humana en el trabajo humano y en todos sus presupuestos y en todas consecuencias.

266 ¿Qué obligaciones tiene el patrono?

Un patrono debe dar a sus empleados un salario justo y proporcionarles las condiciones dignas de trabajo que pueda solventar sus necesidades personales y familiares[10].

267 ¿Qué es un salario justo?

Un salario justo es el que permite a una persona y a su familia vivir de una manera digna.

268 ¿Cuáles son las obligaciones del trabajador o del empleado?

El trabajador y el empleado están obligados a respetar los bienes del patrono, a hacer un buen uso del tiempo y a trabajar bien para obtener un salario justo, en unas con-

---

[9] GS 34. **2427.**
[10] Sant 5, 4. GS 6.**2432.**

diciones dignas para obtener también un mayor desarrollo y crecimiento de la empresa.

269 ¿Tienen los trabajadores derecho a tener sindicatos?

Los trabajadores tienen derecho a tener sindicatos que reflejen su opinión sobre los patronos y les responsabilice en la gerencia[11] y, al mismo tiempo, les ayuden también a mejorar sus condiciones de trabajo.

---

[11] Es la llamada 'cogestión' en la gran encíclica *Mater et Magistra* de Juan XXIII.

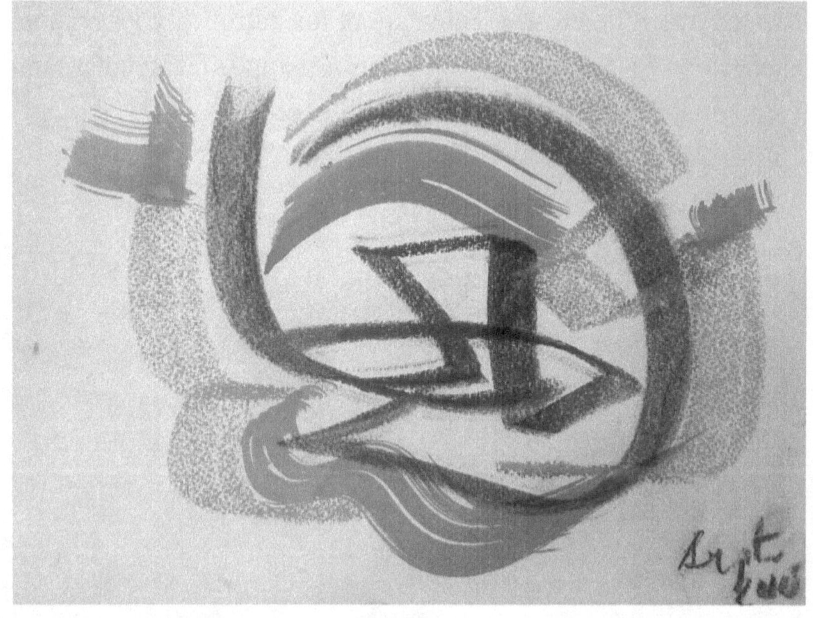

XI
El SEGUIMIENTO EN CRISTO

270 ¿Cuáles son para Jesucristo los Mandamientos principales?

Los dos grandes Mandamientos de Jesucristo son:

- "Amarás al Señor tu Dios con todo tu corazón y toda tu alma y toda tu fuerza y con toda tu mente".

- "Amarás al prójimo como a ti mismo"[1].

271 ¿Podemos amar a Dios sin amar a nuestros semejantes?

Es imposible amar a Dios sin amar a nuestros semejantes porque quien diga, "Amo a Dios" y odia a su hermano, es un mentiroso[2].

272 ¿Es posible para el hobre vivir una vida 'perfecta'?

La perfección no está en nosotros, sino en

---

[1] Mc 12, 30-31.
[2] 1Jn 4, 20. **2196.**

Dios. Nuestra vocación está en el *Evangelio*: "Sed perfectos como vuestro Padre celestial es perfecto"[3]. En ello consiste la santidad.

273 ¿Cuál es la actitud, coherentemente cristiana, respecto al mal?

El mal es la negación del bien. Y el Bien por antonomasia es Dios mismo. El máximo mal es el pecado, como rechazo del bien y de Dios. El Maligno o Satanás es la obcecación contra la bondad de Dios. Por ello decimos, en el padrenuestro: líbranos del Mal[4].

274 ¿Cuál es la actitud, realmente cristiana, con el sufrimiento y con la muerte?

El sufrimiento es realmente una constatación de que nuestro cuerpo mortal no es nuestra morada definitiva. Aceptamos el sufrimiento y la muerte, cuando nos llegan, no con la sorpresa de los desprevenidos, sino con la sabiduría de los sabios: en ellos estamos más perfectamente unidos con Cristo quien tomó su cruz por amor a nosotros[5].

---

[3] Mt 6, 13. **2012.**
[4] Mt 6, 13. **2846.**
[5] 1Pe 2, 21. **1010ss.**

275 ¿Jesucristo es el Pastor de la Iglesia?

La Iglesia, pueblo peregrino, ya se adentró en el tercer milenio de la era cristiana, guiada por Cristo, el "gran Pastor"[1], Él que es el Camino, la Verdad y la Vida[2].

276 ¿Jesucristo concede la salvación también a todo el mundo?

La salvación del Señor Jesús, por la que ha pagado un alto precio[3], se realiza en la vida nueva que los justos alcanzarán después de la muerte, pero atañe también a este mundo[4].

277 ¿Qué debe aportar el cristiano a la sociedad en la que vive?

El cristiano se sabe amado por Dios, apren-

---

[1] Heb 13, 20.

[2] Jn 14, 6.

[3] 1Cor 6, 20; 1Pe 1, 18-19.

[4] JUAN PABLO II, Carta enc. *Redemptoris missio,* 11.

de a no contentarse consigo mismo y también a salir al encuentro de los demás en una red de relaciones cada vez más humanas, porque son más cristianas.

Los hombres renovados por el amor de Dios son capaces de mejorar las reglas, las relaciones y las estructuras sociales.

PLEGARIAS

278 **Señal de la Cruz**

En el nombre del Padre,
del Hijo
y del Espíritu Santo.
Amén.

279 **Padrenuestro**

Padre nuestro
que estás en el cielo,
santificado sea tu nombre,
venga a nosotros tu reino
hágase tu voluntad
en la tierra como en le cielo.
Danos hoy nuestro pan de cada día.
Perdona nuestras ofensas
como también nosotros perdonamos
a los que nos ofenden.
No nos dejes caer en la tentación,
Y líbranos del mal.
Amén.

280 ***Gloria Patri***

Gloria al Padre
al Hijo
y al Espíritu Santo.
Como era en el principio,
ahora y siempre,
y por los siglos de los siglos.
Amén.

281 ***Sanctus***

Santo, santo, santo
es el Señor,
Dios del universo.
Llenos están,
el cielo i la tierra,
de tu gloria.
¡Hosanna en el cielo!
Bendito el que viene,
en nombre del Señor.
¡Hosanna en el cielo!

282 ***Credo*** **Niceno-Constantinopolitano**

Creo en un solo Dios,
Padre todopoderoso,
Creador del cielo y de la tierra,
de todo lo visible y lo invisible.
Creo en un solo Señor, Jesucristo,
Hijo único de Dios,

nacido del Padre antes de todos los siglos:
Dios de Dios,
Luz de Luz,
Dios verdadero de Dios verdadero,
engendrado, no creado,
de la misma naturaleza del Padre,
por quien todo fue hecho;
que, por nosotros, los hombres,
y por nuestra salvación bajó del cielo,
y por obra del Espíritu Santo
encarnó de María, la Virgen,
y se hizo hombre;
y por nuestra causa fue crucificado
en tiempos de Poncio Pilato;
padeció y fue sepultado,
y resucitó al tercer día, según las Escrituras,
y subió al cielo,
y está sentado a la derecha del Padre;
y de nuevo vendrá con gloria
para juzgar a vivos y muertos,
y su reino no tendrá fin.
Creo en el Espíritu Santo,
Señor y dador de vida,
que procede del Padre y del Hijo,
que con el Padre y el Hijo
recibe una misma adoración y gloria,
y que habló por los profetas.
Creo en la Iglesia,
que es una, santa, católica y apostólica.
Confieso que hay un solo Bautismo
para el perdón de los pecados.

Espero la resurrección de los muertos
y la vida del mundo futuro.
Amén.

283 Símbolo Apostólico

Creo en Dios
Padre todopoderoso,
Creador del cielo y de la tierra
Creo en Jesucristo
su único Hijo,
nuestro Señor,
que fue concebido
por obra y gracia del Espíritu Santo,
nació de Santa María Virgen,
padeció bajo el poder de Poncio Pilato,
fue crucificado,
muerto y sepultado,
descendió a los infiernos,
al tercer día,
resucitó de entre los muertos,
subió a los cielos
y está sentado a la derecha de Dios,
Padre todopoderoso,
Desde allí ha de venir a juzgar
A los vivos y a los muertos.
Creo en el Espíritu Santo,
La Santa Iglesia Católica,
La Comunión de los Santos,
El perdón de los pecados
La resurrección de la carne

Y la vida eterna
Amén.

284 Plegaria del corazón

¡Jesús, hijo del Dios vivo,
ten piedad de mí, pecador!

285 Plegaria del Centurión
para antes de la comunión

¡Señor,
yo no soy digno,
de que entres en mi casa,
pero, di una sola palabra,
y mi alma quedará sana!

286 *Sub tuum praesidium*

Es la oración más antigua dirigida a Santa María[1].

Bajo tu amparo nos acogemos,
Santa Madre de Dios,
no deseches las súplicas
que te dirigimos
en nuestras necesidades,
antes bien,

---

[1] Ὑπὸ τὴν σὴν εὐσπλαγχνίαν, καταφεύγομεν, Θεοτόκε. Τὰς ἡμῶν ἱκεσίας, μὴ παρίδῃς ἐν περιστάσει, ἀλλ᾽ ἐκ κινδύνων λύτρωσαι ἡμᾶς, μόνη Ἁγνή, μόνη εὐλογημένη.

líbranos siempre de todo peligro,
¡Oh, Virgen gloriosa y bendita!

287 Ave María

Dios te salve, María,
llena eres de gracia,
El Señor está contigo
Bendita tú eres entre todas las mujeres
Y bendito es el fruto de tu vientre,
Jesús.
Santa María,
Madre de Dios,
ruega por nosotros, pecadores,
ahora, y en la hora de nuestra muerte
Amén.

288 Salve Regina

Dios te salve,
Reina y Madre de misericordia,
vida y dulzura y esperanza nuestra:
Dios te salve.
A ti llamamos,
los desterrados hijos de Eva;
a ti suspiramos,
gimiendo y llorando
en este valle de lágrimas.
Ea, pues, Señora, abogada nuestra,
vuelve a nosotros
esos tus ojos misericordiosos

y, después de este destierro,
muéstranos a Jesús,
fruto bendito de tu vientre.
¡Oh clementísima!
¡Oh piadosa!
¡Oh, dulce Virgen María!
Amén.

289 Oración a San Miguel Arcángel

San Miguel Arcángel
Defiéndenos en la lucha.
Sé nuestro amparo en la perversidad
y en las asechanzas del demonio.
"Reprímele, Dios"
pedimos suplicantes
y tú, Príncipe de la Milicia celestial
con la fuerza y el poder
que Dios te ha dado,
arroja al infierno a Satanás
y a los otros espíritus malignos,
que andan dispersos por el mundo
para la perdición de las almas.
Amén.

290 Oración a San Juan Bautista

¡Oh, glorioso San Juan Bautista,
muévete a piedad por este acongojado,
que en ti ha puesto su esperanza!

Líbrame, te ruego, de mis miserias.
Alivia la congoja de mi corazón,
y haz que yo viva,
como verdadero amante de mi Jesús,
para poder gozar de Él en el Cielo.
Amén.

291 Oración a San José

San José,
tu protección
es grande, fuerte e inmediata
ante Dios.
A ti confío todas mis intenciones y deseos.
Ayúdame, con tu poderosa intercesión.
Abraza a Jesús, en mi nombre.
Besa, por mí, su rostro.
Pídele que me devuelva ese beso,
cuando yo exhale mi último suspiro.
¡Patrono de las almas que parten,
ruega por mi!
Amén.